Total normal – Was du schon immer über Sex wissen wolltest

Für meinen Ehemann
und meine Kinder, für Val.
Danke, Leute!
R. H. H.

Für meine Eltern
M. E.

© 2012, 2015, 2017 Beltz & Gelberg
in der Verlagsgruppe Beltz · Weinheim Basel
Werderstraße 10, 69469 Weinheim
Alle deutschsprachigen Rechte vorbehalten
Aktualisierte Neuauflage
Die Originalausgabe erschien unter dem Titel
Let's Talk about Sex bei Walker Books, London
Text © 1994, 2004, 2010, 2014 Bee Productions Inc.
Illustrationen © 1994, 2004, 2010, 2014 Bird Productions Inc.
The designs of the BIRD and the BEE are trademarks of Bird Productions,
Inc., and Bee Productions, Inc. IT'S PERFECTLY NORMAL is the
trademark of Bee Productions, Inc., and Bird Productions, Inc.

Aus dem Englischen von Franziska Weber,
Aktualisierungen: Meike Blatzheim, Fabienne Pfeiffer
Lektorat und Überarbeitung: Christa Söhl, Fabienne Pfeiffer
Einbandgestaltung: Renate Rist unter Verwendung
einer Illustration von Michael Emberley
Lettering in den Zeichnungen: Franziska Weber
Satz: Renate Rist
Printed in China
ISBN 978-3-407-82299-4
1 2 3 4 5 6   22 21 20 19 18 17

Weitere Informationen zu unseren Autoren und Titeln
finden Sie unter: www.beltz.de

Robie H. Harris • Michael Emberley

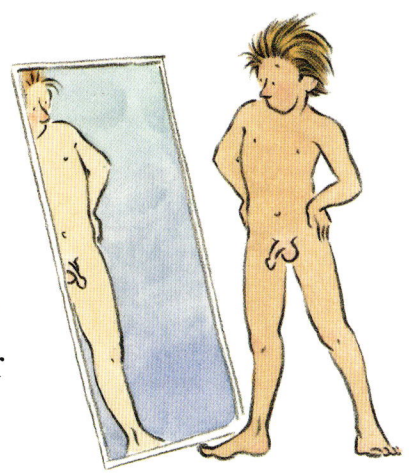

Aus dem Englischen
von Franziska Weber

Total normal – Was du schon immer über Sex wissen wolltest

BELTZ & Gelberg

Inhalt

Einleitung
Jede Menge Fragen

Körperliche Veränderungen,   9
Heranwachsen, Sex und
Gesundheit

Teil 1
Was ist Sex?

1 Mädchen oder Junge,   10
    weiblich oder männlich
    Sex und Geschlecht

2 Kinder zeugen   11
    Geschlechtliche Fortpflanzung

3 Starke Gefühle   12
    Sexuelles Verlangen

4 »Liebe machen«   14
    Geschlechtsverkehr

5 So oder so   16
    Heterosexuell, homosexuell,
    bisexuell, Transgender, queer

Teil 2
Unser Körper

6 Der Körper des Menschen   20
    Verschiedenste Körper

7 Außen und innen   24
    Die weiblichen
    Geschlechtsorgane

8 Außen und innen   27
    Die männlichen
    Geschlechtsorgane

9 Ausdrücke   30
    Über Körper und Sex reden

Teil 3
Pubertät

10 Signale und
     Veränderungen   32
     Pubertät und Hormone

11 Ein Ei unterwegs   35
     Weibliche Pubertät

12 Die Reise des Spermas   40
     Männliche Pubertät

13 Nicht alles auf einmal!   44
     Heranwachsen und körperliche
     Veränderungen

14 Noch mehr Veränderungen 46
   Auf den eigenen Körper achten

15 Mal so und mal so –
   Gefühle fahren
   Achterbahn 48
   Neue und veränderte Gefühle

16 Total normal 51
   Selbstbefriedigung

Teil 4
Familien und Kinder

17 Ganz verschiedene
   Familien 53
   Für Babys und Kinder sorgen

18 Elterliche Anweisungen 56
   Die Zelle: Gene und
   Chromosomen

19 Sich körperlich nahe sein 58
   Kuscheln, Küssen, Berühren und
   Geschlechtsverkehr

20 Vor der Geburt 62
   Die Schwangerschaft

21 Eine aufregende Reise 66
   Die Geburt

22 So geht es auch 70
   Andere Möglichkeiten, zu Kindern und einer Familie zu kommen

Teil 5
Entscheidungen

23 Im Voraus planen 73
   Verschieben, sich enthalten
   und verhüten

24 Gesetze und Regelungen 79
   Der Schwangerschaftsabbruch

Teil 6
Die Gesundheit

25 Hilfreich – Unterhaltsam –
   Widerlich – Gefährlich 82
   Simsen, chatten, mailen, surfen

26 Sprich drüber 88
   Sexueller Missbrauch

26 Kontrolluntersuchungen 91
   Sexuell übertragbare Krankheiten/Geschlechtskrankheiten

27 Wissenschaftler forschen
   Tag und Nacht 94
   HIV und Aids

29 Gesund bleiben 98
   Verantwortungsbewusste
   Entscheidungen treffen

Einleitung
Jede Menge Fragen

Körperliche Veränderungen, Heranwachsen, Sex und Gesundheit

Irgendwann im Alter zwischen 8 oder 9 und etwa 15 Jahren beginnt der kindliche Körper, sich zu verändern und erwachsen zu werden.

Die meisten Jugendlichen wundern sich über diese körperlichen Veränderungen und haben jede Menge Fragen dazu, was mit ihrem Körper geschieht.

Es ist völlig normal, neugierig zu sein und mehr über diese körperlichen Veränderungen wissen zu wollen. Die meisten der Veränderungen in dieser Zeit, aber nicht alle, ermöglichen es, Kinder zu zeugen und zu bekommen. Und das hat eine Menge mit Sex zu tun.

Sex umfasst viele Dinge – Körper, Erwachsenwerden, Familie,

Kinderkriegen, Liebe, Zuwendung, Neugierde, Gefühle, Achtung, Verantwortung, Biologie und Gesundheit. Manchmal gehören auch Krankheit und Probleme dazu. Jugendliche machen sich Gedanken und haben jede Menge Fragen zum Thema Sex. Auch das ist völlig normal.

Du fragst dich vielleicht, wozu es gut sein soll, ein paar Tatsachen über den menschlichen Körper, das Erwachsenwerden, über Sex

und Gesundheit zu erfahren. Das ist deshalb wichtig, weil dir diese Informationen helfen können, in der Zeit des Heranwachsens und auch später die für dich richtigen Entscheidungen zu treffen, Spaß und Lust im Leben zu haben, nicht ungewollt schwanger zu werden und gefährliche Krankheiten zu vermeiden. Außerdem kann es spannend sein, mehr über diese Dinge zu erfahren.

Teil 1
Was ist Sex?

Kapitel 1
Babys, Kinder, Teenager, Erwachsene
Sex und Geschlecht

Was ist Sex? Was genau ist das? Worum geht's dabei? Das sind Fragen, die sich viele Jugendliche stellen. Du musst dich weder schämen noch dumm fühlen, wenn du die Antworten nicht weißt, denn Sex ist keine einfache Angelegenheit. Sex ist vieles, und die Leute haben ganz verschiedene Empfindungen und Meinungen dazu. Deshalb gibt es mehr als nur eine Antwort auf die Frage: Was ist Sex?

Eine Möglichkeit, etwas über Sex zu erfahren, ist, jemanden zu fragen, den du kennst und dem du vertraust. Denk dran, es gibt keine dummen Fragen. Eine andere Möglichkeit besteht darin, sich mithilfe von Büchern zu informieren. Du kannst zum Beispiel die Bedeutung des Wortes »Sex« im Wörterbuch nachschlagen. In einem Wörterbuch findet sich beispielsweise folgende Information:

1. »Sex« ist ein englisches Wort und leitet sich von dem lateinischen Wort »sexus« ab, welches »Geschlecht« bedeutet.

Viele Menschen sind sehr daran interessiert, das Geschlecht eines Neugeborenen zu erfahren. Deswegen ist es nicht verwunderlich, dass bei der Geburt eines Babys meist jemand ausruft: »Es ist ein Mädchen!«, oder: »Es ist ein Junge!«

Und oft ist eine der ersten Fragen, die Kinder stellen, wenn sie hören, dass ein neues Kind in ihre Klasse kommt: »Ist es ein Mädchen oder ein Junge?«

Das Geschlecht zeigt an, ob eine Person männlich oder weiblich ist, Junge oder Mädchen. Das Geschlecht hängt aber auch davon ab, wie jemand denkt und sich fühlt – ob als Frau oder als Mann.

Kapitel 2
Kinder zeugen
Geschlechtliche Fortpflanzung

Im Lexikon steht noch mehr zum Thema Sex:

2. Geschlechtliche Fortpflanzung. Beim Sex geht es auch um Fortpflanzung, d. h. um die Entstehung eines Kindes.

Bestimmte Organe unseres Körpers, nämlich die Fortpflanzungsorgane, ermöglichen es sowohl einem Mann als auch einer Frau, sich fortzupflanzen, d. h. Kinder zu zeugen, sobald ihre Körper sich vollständig entwickelt haben. Die Körperteile, die das möglich machen, nennt man Fortpflanzungsorgane.

Die Organe in unserem Körper haben bestimmte Aufgaben zu erfüllen. Das Herz hat beispielsweise die Aufgabe, Blut zu pumpen. Wissenschaftler wissen, dass die meisten Organe in unserem Körper, das Herz, die Lunge, der Magen, bei Männern und Frauen gleich sind. Die Fortpflanzungsorgane aber sind bei Mann und Frau verschieden.

Man nennt die Fortpflanzungsorgane auch Geschlechtsorgane.

Die weiblichen und männlichen Geschlechtsorgane funktionieren auf bemerkenswerte Art und Weise. Sie unterscheiden sich voneinander, weil sie ganz verschiedene Aufgaben haben.

Sowohl Männer als auch Frauen haben äußere und innere

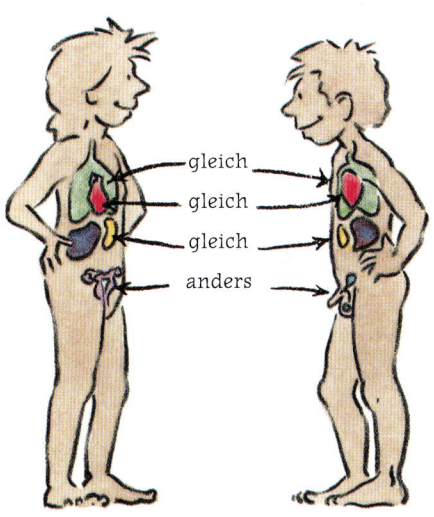

Geschlechtsorgane. Die äußeren Geschlechtsorgane befinden sich außerhalb des Körpers zwischen den Beinen und werden Genitalien genannt. Die inneren Geschlechtsorgane befinden sich innerhalb des Körpers und heißen Fortpflanzungsorgane.

Bei Mädchen gehören Vagina (Scheide) und Eierstöcke zu den Geschlechtsorganen und bei Jungen Penis und Hoden.

Beim Sex geht es auch um die Entstehung eines neuen Menschen, um das Zeugen eines Kindes.

Kapitel 3
Starke Gefühle
Sexuelles Verlangen

Im Lexikon steht sogar noch mehr über Sex:

3. Sexuelles Verlangen.

Sex hat auch etwas mit dem Wunsch zu tun, jemandem körperlich so nah wie nur möglich zu sein. Hast du jemals etwas wirklich haben wollen oder ersehnt? Wenn du unbedingt jemanden zum besten Freund haben willst oder Schokoladeneis willst, nennt man das Verlangen.

Oft weiß man nicht, warum man unbedingt etwas will. Du denkst nicht einmal darüber nach, warum dir danach ist. Das Gefühl des Verlangens, des Begehrens ist einfach da.

Sexuelles Begehren ist anders als das Verlangen nach Schokoladeneis, nach einem besten Freund oder auch danach, dich an deine Mutter oder deinen Vater, Freunde, ein Haustier oder ein Kuscheltier zu schmiegen. Sexuelles Begehren bedeutet, dass du dich von einem Menschen ganz stark angezogen fühlst, wie von einem Magneten. Du möchtest ihm körperlich so nah wie nur möglich sein. Obwohl du vielleicht viel an diese Person denkst, geht es bei sexuellem Verlangen vor allem darum, wie du dich innerlich fühlst. Dein Körper reagiert bei sexuellem Verlangen,

er ist erregt und warm, es prickelt und du fühlst dich zittrig. Und manchmal können diese Gefühle ganz schön stark sein. Jemandem nachlaufen, ihn necken oder in ihn verknallt sein ist auch eine Form von sexuellem Verlangen.

Oft fällt es schwer, nicht ununterbrochen an die betreffende Person zu denken. Das nennt man »in jemanden verknallt sein«. Jungen wie Mädchen sind verknallt. Sie sind verknallt in Menschen, die sie kennen, aber auch in Fernseh- oder Filmstars, Popsänger oder Spitzensportler.

Man kann als Mädchen für ein Mädchen schwärmen oder als Junge für einen Jungen, also für das »eigene« Geschlecht, für das jeweils andere Geschlecht, für Gleichaltrige, Jüngere oder Ältere. In jemanden verknallt zu sein oder für jemanden zu schwärmen ist völlig normal.

Die Empfindungen für andere können dich sehr erregen. Man umschreibt diesen Zustand auch mit »scharf« sein.

Einige von euch haben wahrscheinlich schon die Veränderungen in ihrem Körper und die Unterschiede zwischen ihrem Körper und dem ihrer Freunde bemerkt. Sexuelle Gefühle können sich auch entwickeln, wenn du dich mit dir und den Veränderungen deines Körpers beschäftigst.

Ich bin in niemanden verknallt!

Stimmt nicht. Du schwärmst für Popstars. Du hast überall in deinem Bienenkorb Poster von den »Käfern«, den »Gruseligen Kakerlaken« und den »Haarigen Taranteln«.

Kapitel 4
»Liebe machen«
Geschlechtsverkehr

Das Wörterbuch sagt uns noch etwas anderes über Sex:

4. Geschlechtsverkehr.

Das Wort Sex bedeutet auch Geschlechtsverkehr. Manche Leute nennen Geschlechtsverkehr auch »miteinander schlafen« oder »Liebe machen«.

Zum Geschlechtsverkehr kommt es, wenn zwei Menschen – eine Frau und ein Mann, zwei Frauen oder zwei Männer – sich sexuell sehr erregt und voneinander angezogen fühlen und sehr nahe beieinander sein möchten. So nahe, dass – bei einer Frau und einem Mann – der Penis des Mannes in die Vagina der Frau eindringt und sich die Vagina so dehnt, dass sie den Penis umschließt. Wenn es dazu kommt, können ein Mann und

eine Frau, deren Fortpflanzungsorgane vollständig entwickelt sind, ein Kind zeugen.

Aber die meisten Menschen haben Geschlechtsverkehr, weil es Spaß macht und sie sich gut dabei fühlen, und nicht, weil sie ein Kind zeugen wollen. Geschlechtsverkehr kann man bis ins hohe Alter haben.

Manche Leute umschreiben Geschlechtsverkehr mit »Liebe machen«, weil das eine Möglichkeit ist, Liebe zu zeigen. Aber Geschlechtsverkehr ist nur *eine* Art, seine Liebe auszudrücken.

Umarmen, Kuscheln, Händchenhalten, Küssen und Berühren sind auch Formen, Liebe zu zeigen. Ebenso wie mit jemandem,

den man sehr mag, zusammen zu sein und ihm oder ihr zu sagen: »Ich liebe dich.«

Es gibt einige Dinge über Sex und Geschlechtsverkehr, über die man unbedingt Bescheid wissen sollte und die es zu beachten gilt:
- Es ist sinnvoll, mit dem Geschlechtsverkehr zu warten, bis man alt und verantwortungsbewusst genug ist, vernünftige Entscheidungen in puncto Sex zu treffen.
- Jede Frau und jeder Mann hat stets das Recht, zu jeder Art von sexueller Berührung »Nein« zu sagen – auch, wenn ein Partner älter, viel älter, stärker oder viel stärker ist als der andere.
- Eine Beziehung, die sexuellen Kontakt einschließt, beinhaltet auch oft komplizierte Gefühle.
- Beim Geschlechtsverkehr – beim „Sex haben" – können Penis und Vagina eine Rolle spielen, aber auch der Mund und die Genitalien, oder der Penis und der After.
- Beim Geschlechtsverkehr zwischen Penis und Vagina kann die Frau schwanger werden.

Aber es gibt Möglichkeiten, dies zu verhindern.
- Während des Geschlechtsverkehrs können gefährliche Infektionen wie HIV (das Virus, das Aids verursacht) und andere, weniger schwerwiegende Infektionen von einer Person auf die andere übertragen werden. Allerdings kann man sich vor diesen Infektionen schützen und ihre Übertragung verhindern.

Sex beinhaltet also vieles, auch Gefühle und Gedanken.

Sex ist der Wunsch, jemandem sehr nahe sein zu wollen.

Sex ist das Berühren der äußeren Geschlechtsorgane.

Sex bedeutet Geschlechtsverkehr.

Sex heißt auch, Kinder zu zeugen.

Manchmal benutzen die Leute das Wort Sexualität, um über Sex zu reden. Wenn sie das Wort Sexualität benutzen, dann sprechen sie gewöhnlich über all das, was uns zu geschlechtlichen Lebewesen macht – unser Geschlecht, unsere sexuellen Gefühle, Gedanken und Wünsche genauso wie jede Form sexuellen Kontakts von der sexuellen Berührung bis zum Geschlechtsverkehr.

Kapitel 5
So oder so
Heterosexuell, homosexuell, bisexuell, Transgender, queer

»Heterosexuell«, »homosexuell« und »bisexuell« sind Wörter, die mit sexuellem Verlangen und Sex zu tun haben. Eine heterosexuelle Person wird sexuell von Menschen des anderen Geschlechts angezogen.
Heteros ist das griechische Wort für *anders*.

Ich mag griechische Wörter.

Und ich mag Bilder. Die sagen mir viel mehr als Worte.

In einer heterosexuellen Beziehung fühlen sich zwei Menschen unterschiedlichen Geschlechts, d. h. ein Mann und eine Frau, voneinander angezogen, können sich ineinander verlieben und eine sexuelle Beziehung miteinander haben.

Schwul, lesbisch oder homosexuell ist jemand, der sich von Menschen des eigenen Geschlechts angezogen fühlt. *Homos* ist das altgriechische Wort für *gleich*. In einer homosexuellen Beziehung fühlen sich Personen desselben Geschlechts, d. h. ein Mann und ein Mann oder eine Frau und eine Frau, voneinander angezogen, können sich ineinander verlieben und eine sexuelle Beziehung miteinander haben.

Eine homosexuelle Beziehung zwischen zwei Frauen wird auch als lesbische Beziehung bezeichnet. Das Wort *lesbisch* wurde zuerst im späten 19. Jahrhundert gebraucht. Es geht auf das Altertum zurück, genauer auf das 6. Jahrhundert vor Christus, als die große Dichterin Sappho auf der griechischen Insel Lesbos lebte.

Sappho schrieb über die Freundschaft und Liebe zwischen Frauen.

Die Griechen des Altertums hielten die Liebe zwischen zwei Männern für die höchste Form der Liebe. Um 1000 v. Chr. war es in dem antiken Stadtstaat Sparta sogar erwünscht, dass zwei sich liebende Männer im selben Regiment dienten. Man hoffte, dass ein Krieger, der im selben Regiment diente wie sein Liebhaber, besser kämpfen würde, um diesen zu beeindrucken. Die Armee von Sparta war eine der mächtigsten und gefürchtetsten im antiken Griechenland.

Manche Menschen fühlen sich von Menschen des anderen *und* des eigenen Geschlechts angezogen. Menschen, die sich von Frauen und Männern gleichermaßen angezogen fühlen, sich in sie verlieben und sexuelle Beziehungen mit ihnen haben, nennt man *bisexuell*. *Bi* heißt *zwei*.

Homosexuelle und bisexuelle Beziehungen hat es zu allen Zeiten gegeben, sogar schon vor der griechischen Antike.

Unsere Einstellung zur Homosexualität und Bisexualität wird beeinflusst durch die Kultur und die Zeit, in der wir leben.

Wissenschaftler sind sich bis heute nicht völlig sicher und einig darüber, warum ein Mensch heterosexuell und ein anderer homosexuell oder bisexuell wird. Möglicherweise gibt es dafür nicht nur einen Grund.

Die meisten Wissenschaftler glauben aber, dass homosexuell, heterosexuell oder bisexuell zu sein nicht etwas ist, was man sich aussuchen kann, wie man sich ja auch nicht aussuchen kann, mit welcher Hautfarbe man zur Welt kommt oder mit welchem Geschlecht man geboren wird. Sie gehen davon aus, dass man bereits mit der Veranlagung zur Heterosexualität, Homosexualität oder Bisexualität geboren wird.

In der Pubertät kommt es manchmal vor, dass sich Jungen für andere Jungen und Mädchen für Mädchen interessieren und sich sogar gegenseitig berühren. Das ist ein ganz normaler Vorgang des Entdeckens und hat nichts damit zu tun, ob ein Mädchen oder Junge heterosexuell, schwul, lesbisch oder bisexuell ist oder werden wird.

Von einer Person des eigenen Geschlechts zu träumen oder in sie verknallt zu sein bedeutet nicht notwendigerweise, dass ein Mädchen oder ein Junge homosexuell oder bisexuell veranlagt ist.

Puh! Gott sei Dank ist es in Ordnung, sich für andere Körper zu interessieren.

Ich persönlich interessiere mich mehr für Himmelskörper.

Viele Menschen, auch in Deutschland, verwenden die Abkürzung LGBTTIQ. Die Initialen, die für die englischen Begriffe *Lesbian*, *Gay*, *Bisexual*, *Transgender*, *Transsexual*, *Intersexual* und *Queer* stehen, bezeichnen Menschen dieser sexuellen Orientierungen und solche, die sich selbst auf noch andere Art und Weise beschreiben.

Transgender ist ein Wort, das mit dem Geschlecht zu tun hat. *Trans* ist das lateinische Wort für *darüber hinaus, jenseits*. *Gender*, also das Geschlecht, ist ein anderer Begriff dafür, ob jemand weiblich oder männlich ist. Das Geschlecht hängt aber auch davon ab, wie jemand denkt und sich fühlt – ob als Frau oder als Mann. Als Transgender bezeichnet man jemanden, der oder die von dem Geschlecht, mit dem er oder sie geboren wurde, zum anderen Geschlecht übergeht.

Als Transgender oder auch transsexuell bezeichnet man also einen Menschen, der in einem männlichen Körper geboren wurde, sich jedoch wie eine Frau fühlt und verhält und einfach weiß, dass er weiblich ist – oder jemand, der in einem weiblichen Körper geboren wurde, sich aber wie ein Mann fühlt, verhält und weiß, dass er männlich ist. Es kann sein, dass jemand sich immerzu und sein gesamtes Leben lang so fühlt. Bei anderen hält die Empfindung vielleicht nur einige Monate oder Jahre an. Und wieder andere fühlen sich womöglich manchmal dem einen, dann dem anderen Geschlecht zugehörig.

Menschen, die so empfinden, ändern vielleicht ihren Namen oder Kleidungsstil, um auszudrücken, welchem Geschlecht sie sich wirklich zugehörig fühlen. Es kommt auch vor, dass sie darum bitten, als »er« statt als »sie« oder umgekehrt angesprochen zu werden. Wenn sich jemand für eine körperliche Angleichung an die gelebte geschlechtliche Identität, also für eine Geschlechtsumwandlung, entscheidet, nennt man diese Person Transgender; als transsexuell bezeichnet man es, wenn jemand ohne hormonelle Eingriffe oder Operationen seine empfundene, vom angeborenen Geschlecht abweichende sexuelle Identität ausleben möchte. Transgender wie auch Transsexuelle können heterosexuell, homosexuell oder bisexuell sein.

Intersexualität bedeutet, dass sich ein Mensch nicht eindeutig dem männlichen oder weiblichen Geschlecht zuordnen lässt; es handelt sich dabei um einen angeborenen Zustand, der sich genetisch, anatomisch oder hormonell äußert. Intersexuelle

Menschen verfügen also beispielsweise über männliche und weibliche Geschlechtsorgane oder ein zusätzliches Geschlechtschromosom. Sie lehnen es jedoch ab, ihre Situation als krankhaft und somit in ihren Augen abwertend einzustufen. Sie bezeichnen sich bisweilen auch als Hermaphroditen oder Zwitter.

Auch mit dem Wort *Queer* beschreiben manche Menschen ihr Geschlecht oder ihre sexuelle Neigung. In der Vergangenheit wurde der Begriff, der wörtlich übersetzt »schräg« oder »seltsam« bedeutet, manchmal als Beleidigung benutzt. Aber heute bezeichnen sich viele Menschen mit Stolz selbst als queer. Der Begriff schließt sämtliche anderen Bezeichnungen mit ein, die Menschen benutzen, um ihr Geschlecht oder ihre sexuelle Orientierung zu beschreiben.

Manche Menschen lehnen schwule Männer, lesbische Frauen, bisexuelle Menschen, Transgender oder Menschen, die sich als queer bezeichnen, ab oder beleidigen, schikanieren und hassen sie sogar. Sie wollen nichts mit jemandem zu tun haben, nur weil der- oder diejenige lesbisch, schwul, bisexuell, Transgender, transsexuell, intersexuell oder queer ist. Einige Leute sind zudem der Meinung, dass diese Menschen nicht das Recht haben sollten, zu heiraten. Vielleicht liegt das daran, dass sie Lesben, Schwule, Bisexuelle, Transgender und andere für anders oder ihre Beziehungsformen für falsch halten. Ihre Haltung basiert meist auf Ängsten oder Fehlinformationen, nicht aber auf Tatsachen. Leute haben oft Angst vor Dingen, über die sie wenig oder nichts wissen.

Wenn man Fragen hat oder sich Gedanken oder Sorgen über die eigenen sexuellen Gefühle oder sein Geschlecht macht, kann es hilfreich sein, sich mit jemandem, den man kennt und dem man vertraut – einem Elternteil, einem Verwandten, einem Therapeuten oder einer Therapeutin, einem Arzt oder einer Ärztin, einem Krankenpfleger oder einer Krankenschwester, Lehrern oder einem Pfarrer oder einer Pfarrerin – zu unterhalten.

Ganz gleichgültig, was manche Leute denken: Jeder und jede sollte sich immer bewusst machen, wie wichtig es ist, alle Menschen respektvoll zu behandeln. Und man sollte daran denken, dass die alltäglichen Bedürfnisse – zum Beispiel ein Heim zu gründen, mit Freunden Spaß zu haben, zu arbeiten, verliebt zu sein, allein zu sein, in einer Beziehung zu leben, verheiratet zu sein, Kinder aufzuziehen – sich kaum unterscheiden, egal, ob jemand heterosexuell, homosexuell, bisexuell, Transgender, transsexuell, intersexuell oder queer ist.

Teil 2
Unser Körper

Kapitel 6
Der Körper des Menschen
Verschiedenste Körper

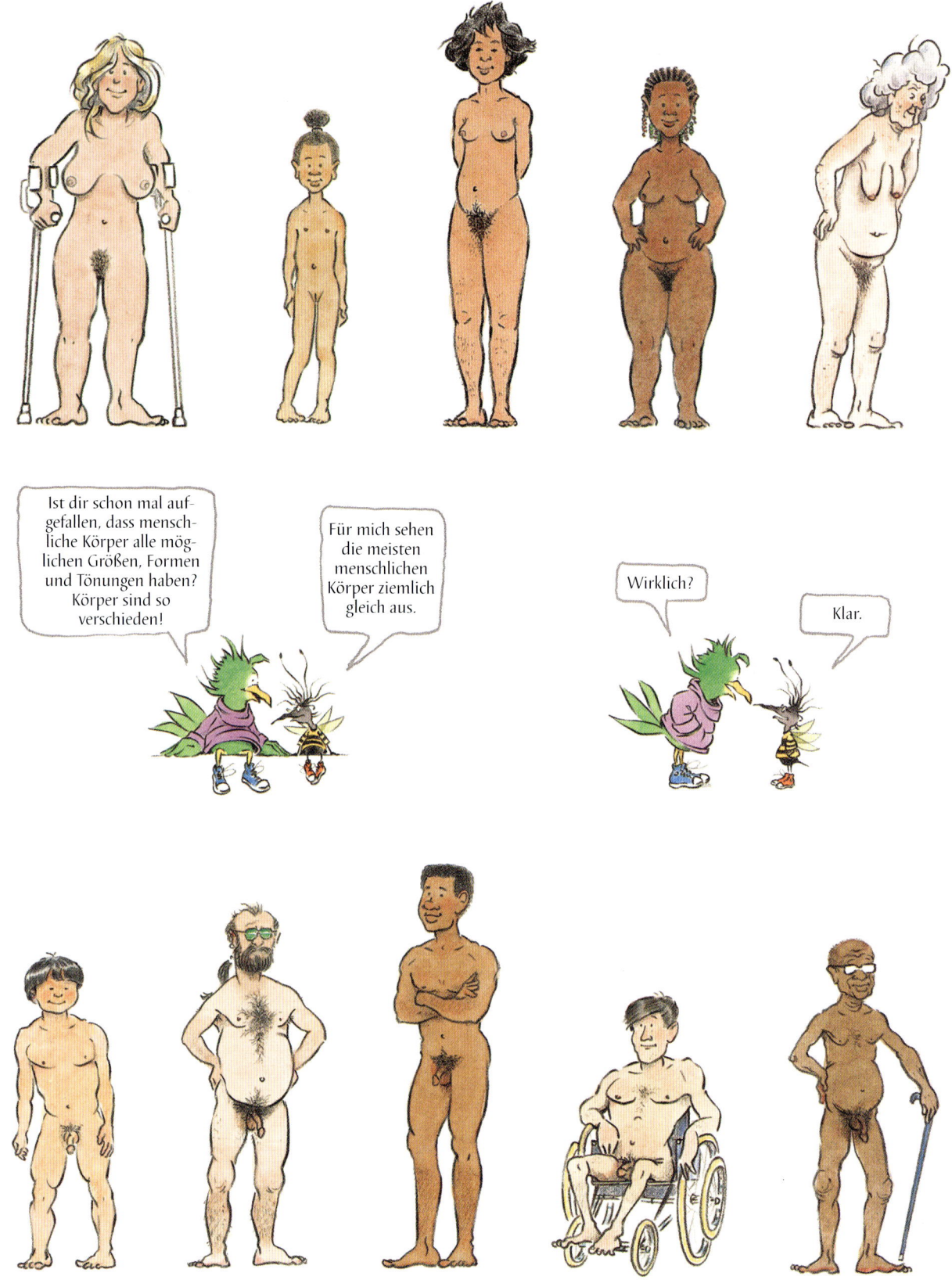

Kapitel 7
Außen und innen
Die weiblichen Geschlechtsorgane

Die äußeren Geschlechtsorgane der Frau, die Klitoris und der Scheideneingang, sind kaum sichtbar, weil sie sich zwischen ihren Oberschenkeln befinden.

Die Vulva
Der gesamte Bereich weichen Gewebes zwischen den Beinen einer Frau wird Vulva genannt. Das Wort *vulva* kommt aus dem Lateinischen und bedeutet *Decke*. Die Vulva bedeckt die Klitoris, den Scheideneingang, die Öffnung der Harnröhre (Urethra) und die Schamlippen.

Die Schamlippen
Die Schamlippen (Labia) bestehen aus zwei Paar weichen Hautfalten in der Vulva. Sie bedecken die inneren Teile der Vulva, die Klitoris, die Öffnung der Harnröhre und den Scheideneingang. *Labia* ist das lateinische Wort für *Lippen*.

Die Klitoris
Die Klitoris ist eine kleine Erhebung aus Gewebe von der Größe einer Erbse. Wenn die Klitoris berührt und gestrichelt wird, entsteht ein angenehmes Gefühl,

ein lustvolles Prickeln. Der ganze Körper reagiert erregt.

Die Öffnung der Harnröhre

Die Öffnung der Harnröhre (Urethra) ist recht klein. Die Harnröhre ist kein weibliches Sexualorgan, sondern, wie der Name schon sagt, eine Röhre, durch die der Urin (Harn) den Körper verlässt.

BIOLOGISCHE FAKTEN: Urin ist ein Abfallprodukt des Körpers; Flüssigkeit aus Speisen und Getränken, die nicht vom Körper verbraucht wurde. Urin ist die einzige Flüssigkeit, die durch die weibliche Harnröhre fließt.

Der Scheideneingang

Die Vagina (Scheide) stellt eine Verbindung zwischen der Gebärmutter (dem Uterus), einem inneren weiblichen Geschlechtsorgan, und der Außenseite des weiblichen Körpers dar. Der Scheideneingang ist größer als die Öffnung der Harnröhre.

BIOLOGISCHE FAKTEN: Ein dünnes Stück Haut, Jungfernhäutchen (Hymen) genannt, bedeckt einen Teil des Scheideneingangs. Während ein Mädchen heranwächst, wenn sie sportlich aktiv ist oder wenn sie das erste Mal Geschlechtsverkehr hat, dehnt sich das Jungfernhäutchen und reißt ein bisschen ein, sodass sich der Scheideneingang etwas vergrößert.

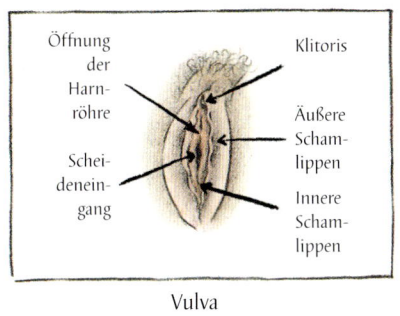

Vulva

Der After (Anus)

Der After ist eine kleine Öffnung, durch die Kot – feste Abfallstoffe – den weiblichen Körper verlässt.

BIOLOGISCHE FAKTEN: Kot besteht aus den festen Abfallstoffen des Körpers, die von der Nahrung übrig bleiben und vom Körper nicht verwertet werden können. Er verlässt den weiblichen Körper auf demselben Wege wie den männlichen. Kot wird, bevor er den Körper durch den After verlässt, im Darm angesammelt.

Also, von vorne nach hinten gibt es drei Öffnungen zwischen den Beinen einer Frau: die Öffnung der Harnröhre, den Scheideneingang und den After. Wenn ein Mädchen oder eine Frau wissen will, wie diese Öffnungen aussehen, kann sie einen Spiegel zwischen ihre Beine halten und nachschauen.

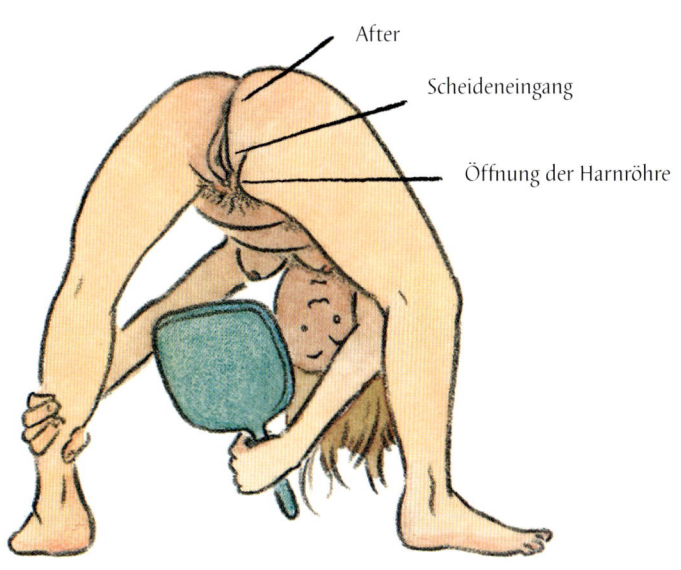

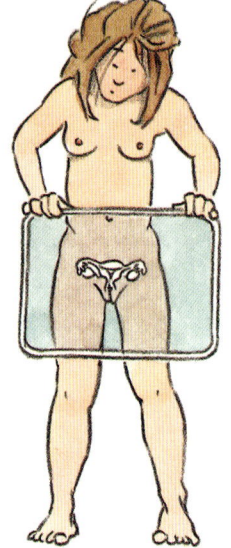
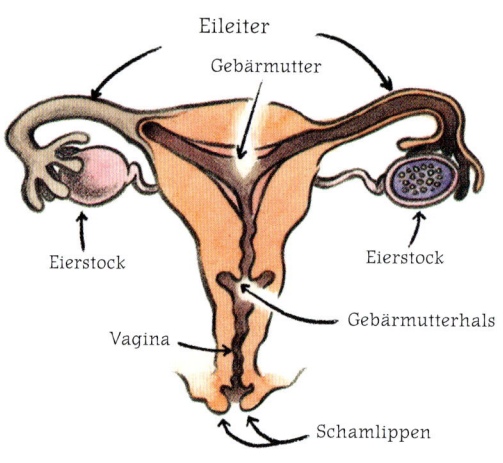

Wenn du in den weiblichen Körper hineinsehen und somit die inneren weiblichen Geschlechtsorgane betrachten könntest, dann würdest du zwei Eierstöcke, zwei Eileiter, die Gebärmutter und die Vagina erkennen können.

Die Eierstöcke

Die beiden Eierstöcke, einer auf jeder Seite der Gebärmutter, haben die Größe von dicken Erdbeeren. Die Eierstöcke enthalten die Eizellen der Frau, auch Eier oder *ova* genannt. Ein einzelnes Ei heißt *ovum*.

BIOLOGISCHE FAKTEN: Bei der Geburt enthalten die Eierstöcke eines Mädchens bereits eine erstaunliche Anzahl von Eizellen – zwischen einer Million und zwei Millionen. Aber diese Eizellen sind noch nicht »erwachsen« genug, um befruchtet werden zu können. Erst in der Pubertät ist es dann so weit. Die weibliche Pubertät ist die Zeit, in der sich der Körper eines Mädchens zu dem einer jungen Frau entwickelt; sie beginnt im Alter zwischen 8 und 13 oder 14 Jahren. In der Pubertät hat ein Mädchen zwischen drei- und vierhunderttausend Eizellen. Ab einem Alter von ungefähr 50 Jahren können die Eizellen einer Frau nicht mehr befruchtet werden.

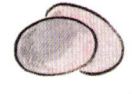
Eierstöcke

Die Eileiter

Über einen der beiden Eileiter finden befruchtungsfähige Eier ihren Weg in die Gebärmutter. Ein Ende des jeweiligen Eileiters berührt beinahe den jeweiligen Eierstock, das andere Ende ist mit der Gebärmutter verbunden. Jeder Eileiter ist zwischen 7,5 und 8,0 Zentimeter lang. Der äußere Umfang kann so groß wie der eines Strohhalms sein.

Eileiter

Die Gebärmutter

Die Gebärmutter besteht aus starken Muskeln und ist innen hohl. Sie hat die Größe und Form einer kleinen, auf den Kopf gestellten Birne und ist mit beiden Eileitern und dem inneren Ende der Vagina verbunden.

BIOLOGISCHE FAKTEN: Die Gebärmutter ist der Ort, an dem ein Kind, erst Embryo, später Fötus genannt, heranwächst, genährt und geschützt wird. Der Fötus wächst in der Gebärmutter heran, die sich mit dem größer werdenden Fötus dehnt, bis nach ca. neun Monaten das Kind zur Welt kommen kann. Die Gebärmutter wird auch manchmal Mutterleib oder Schoß genannt.

Gebärmutter

Der Gebärmutterhals

Der Gebärmutterhals, auch Muttermund genannt, ist eine kleine Öffnung im unteren Teil der Gebärmutter. Er verbindet die Gebärmutter mit dem oberen Ende der Vagina. Diese Öffnung dehnt sich weit, wenn der Zeitpunkt der Geburt eines Kindes naht.

Die Vagina (Scheide)

Die Vagina ist die Verbindung zwischen der Gebärmutter und dem äußeren weiblichen Körper.

BIOLOGISCHE FAKTEN: Ein Kind »reist« durch die Vagina, wenn es auf die Welt kommt. Sie ist auch der Durchgang, durch den eine kleine Menge Blut und Gewebe die Gebärmutter einmal im Monat verlassen. Diese geringfügige, normale Blutung wird Menstruation, Regel oder Periode genannt. Sie beginnt, wenn ein Mädchen in die Pubertät kommt. Die Vagina ist aber auch die Stelle, in die der Penis während des Geschlechtsverkehrs hineinpasst.

Kapitel 8
Außen und innen
Die männlichen Geschlechtsorgane

Die äußeren männlichen Sexualorgane, der Penis und der Hodensack (Letzterer enthält die zwei Hoden), sind leicht erkennbar, wenn ein Junge (oder ein Mann) nackt ist, da sie zwischen seinen Beinen hängen.

Der Penis
Der Penis besteht aus weichem, schwammigem Bindegewebe und aus Blutgefäßen. Urin – flüssiger Abfallstoff – verlässt den männlichen Körper durch eine schmale Öffnung an der Spitze des Penis. Das Penisende wird als Eichel bezeichnet. Wird der Penis berührt und gestreichelt, verursacht dies ein erotisches, schönes Gefühl, ein lustvolles Prickeln.

BIOLOGISCHE FAKTEN: Im Allgemeinen ist der Penis weich und hängt über dem Hodensack. Manchmal aber wird er steif und hart, größer und länger und steht vom Körper ab. Man bezeichnet dies als *Erektion*.

Alle Männer werden mit einem Hautteil geboren, das die Spitze des Penis bedeckt und als *Vorhaut* bezeichnet wird. Manchen männlichen Kindern wird wenige Tage nach ihrer Geburt diese Vorhaut durch einen Arzt entfernt (Beschneidung) oder bei einer religiös begründeten Beschneidung durch eine besonders ausgebildete Person. Obwohl ein beschnittener Penis anders aussieht als ein unbeschnittener, funktionieren beide in gleicher Weise und gleich gut.

Der Hodensack
Der Hodensack (Skrotum) ist ein weicher Sack aus runzliger Haut, der die zwei pflaumenförmigen Hoden bedeckt, schützt und hält.

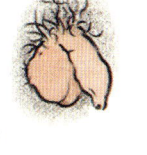

Beschnittener Penis — Unbeschnittener Penis

- After
- Hodensack
- Penis

Hoden

Der After (Anus)
Der After ist eine schmale Öffnung, durch die der Kot – fester Abfall – den männlichen Körper verlässt.

BIOLOGISCHE FAKTEN: Kot besteht aus den festen Abfallstoffen des Körpers, die von der Nahrung übrig bleiben und vom Körper nicht verwertet werden können. Er verlässt den männlichen Körper auf dieselbe Art und Weise wie den weiblichen. Diese festen Abfallstoffe werden im Darm gelagert, bevor sie den Körper durch den After verlassen.

Von vorne nach hinten gibt es beim männlichen Körper also zwei Öffnungen: die kleine Öffnung an der Penisspitze und den After. Wenn du aber in den männlichen Körper hineinsehen könntest, um die inneren Sexualorgane zu betrachten, würdest du die zwei Hoden und eine Anzahl von miteinander verbundenen Röhren und Drüsen erkennen.

Die Hoden
Die Hoden sind weich und »flutschig«. Bedeckt und geschützt werden sie vom Hodensack. Ein Hoden hängt immer etwas weiter runter als der andere. Vor der Pubertät hat jeder Hoden etwa die Größe einer Murmel. Während der Pubertät haben sie ungefähr die Größe einer Walnuss oder eines kleinen Balls. Darum werden sie auch oft als »Eier« oder »Nüsse« bezeichnet.

BIOLOGISCHE FAKTEN: Die männlichen Samenzellen werden in den Hoden produziert. Anders als die weiblichen Eizellen, die von Geburt an vorhanden sind, entstehen Samenzellen erst, wenn ein Junge in die Pubertät kommt. Die Pubertät ist die Zeit, in der sich der Körper eines Jungen zu dem eines jungen Mannes verändert. Dies geschieht im Alter zwischen 11 und 16 Jahren. Dann beginnt ein Junge Samenzellen zu produzieren. Männliche Samenzellen werden auch Spermien genannt und können bis ins hohe Alter vom männlichen Körper produziert werden.

Die Nebenhoden
Jeder Hoden ist mit seiner eigenen röhrenförmigen Struktur, Nebenhoden genannt, verbunden. Spermien wandern durch die Nebenhoden auf ihrem Weg zu den Samenleitern. Jeder Nebenhoden hat ungefähr die Form eines Kopfhörerbügels, ist aber viel kleiner.

BIOLOGISCHE FAKTEN: Jeder Nebenhoden ist eine eng gewundene dünne Röhre, die sechs Meter lang wäre, würde man sie auswickeln.

Samenleiter

Nebenhoden

Die Samenleiter

Die zwei Samenleiter sind jeweils etwa einen halben Meter lang. Jede dieser langen, engen, elastischen und ziemlich geraden Röhren beginnt an den Nebenhoden und windet sich bis zur Harnröhre. Die zwei Samenleiter sind ungefähr so beweglich wie gekochte Spaghetti.

BIOLOGISCHE FAKTEN: Spermien wandern von jedem Hoden durch die Nebenhoden und die Samenleiter.

Die Samenblasen und die Prostata (Vorsteherdrüse)

Die beiden Samenbläschen und die Vorsteherdrüse produzieren Flüssigkeit, die man als Samenflüssigkeit bezeichnet, nachdem sie sich mit den Spermien verbunden hat. Die Spermien wandern in dieser Flüssigkeit zur Harnröhre und durch sie hindurch.

Die Harnröhre

Die Harnröhre ist eine lange, schmale Röhre, die den Urin aus seinem Aufbewahrungsort, der Blase, heraustransportiert. Sie führt durch den Penis hindurch bis zur Öffnung an seiner Spitze. Sie ist somit ein Durchgang für Urin und Samen.

BIOLOGISCHE FAKTEN: Urin (Harn) ist flüssiger Abfall des Körpers, eine Flüssigkeit, die der Körper beim Verwerten von Nahrung und Getränken nicht gebrauchen kann und somit ausscheidet.

BIOLOGISCHE FAKTEN: Samen, der die Spermien transportiert, wird vom männlichen Körper durch die Penisöffnung herausgespritzt. Dies wird als *Ejakulation* bezeichnet. Möglich wird sie erst nach dem Einsetzen der Pubertät. Samen und Urin kommen aus derselben Öffnung an der Penisspitze. Wenn ein Mann ejakuliert, ziehen sich Muskeln zusammen, um zu verhindern, dass Urin und Samenflüssigkeit gleichzeitig den Penis verlassen.

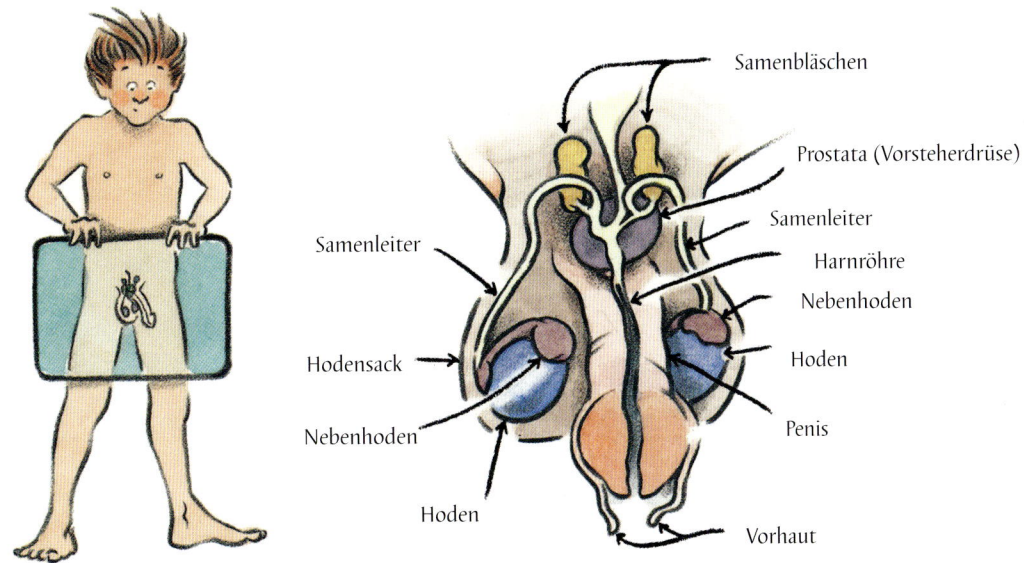

Kapitel 9
Ausdrücke
Über Körper und Sex reden

Kinder, Teenager und Erwachsene benutzen alle möglichen Wörter zur Bezeichnung von Körperteilen und Sex. Manche davon sind wissenschaftliche Begriffe. Andere sind unwissenschaftlich – alltägliche Wörter, um über Sex zu reden. Einige sind nett, andere komisch und manche grob.

Es gibt jede Menge blöder Wörter für Sex und Körper, z. B. »Titten« und »Eier«.

Ich ziehe die wissenschaftlichen Wörter vor.

Alltagssprache bzw. Umgangssprache wird häufig mit dem englischen Wort *Slang* bezeichnet. Grobe und verächtliche Wörter für Sex und Teile des Körpers werden oft »schmutzig« genannt. Witze über Körper und Sex bezeichnet man deshalb auch als »schmutzige Witze«.

Manche Leute meinen, dass es lustig ist, schmutzige Wörter zu benutzen und Witze über Körper und Sex zu machen. Andere empfinden es als peinlich und unangenehm, solche Wörter zu hören. Es ist wichtig, die Gefühle anderer Menschen in Bezug auf schmutzige Witze oder Wörter zu respektieren.

Vielleicht fühlen manche Leute sich unbehaglich bei Gesprächen über Sex oder den Körper, weil wir unsere Geschlechtsteile nicht so häufig zu Gesicht bekommen wie unsere Arme, Beine, Finger, Zehen, Ohren, Augen und Nase. Schließlich sind unsere Geschlechtsteile normalerweise mit Kleidung bedeckt.

Manche finden es falsch, an Sex zu denken, darüber zu sprechen oder Witze zu machen. Viele aber sind sich einig darüber, dass es beruhigend und hilfreich sein kann, über diese Dinge mit jemandem, den man kennt und dem man vertraut, zu reden oder sogar zu scherzen – mit Freunden, Eltern oder älteren Geschwistern und Cousins oder Cousinen.

Ist dir schon mal aufgefallen, wie schwer es auch manchmal Erwachsenen fällt, über Sex zu reden?

Klar. Sie rutschen auf ihren Stühlen hin und her und stammeln: »Äh, also ...«, oder lachen nervös.

Ein Witz

Wenn du einen Witz nicht verstehst oder »raffst«, kannst du immer jemanden bitten, ihn dir zu erklären.

Teil 3
Pubertät

Kapitel 10
Signale und Veränderungen
Pubertät und Hormone

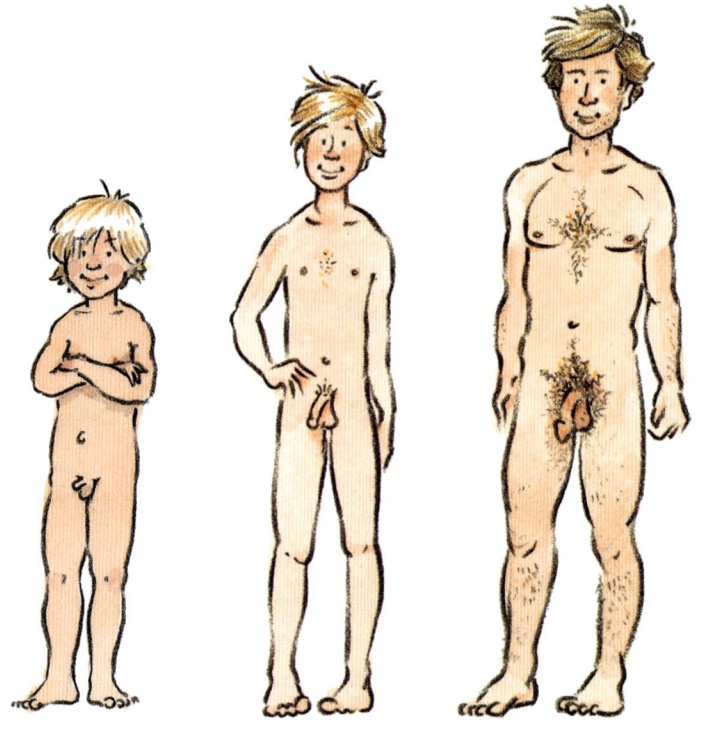

Unser Körper verändert sich vom Zeitpunkt der Geburt an und dies das ganze Leben lang. Er verändert sich, weil alles Lebendige wächst und sich verändert. Während einer bestimmten Phase, im Alter zwischen acht oder neun und 15 Jahren, ändert sich bei Mädchen und Jungen mehr, als dass sie nur wachsen und größer werden. Mädchen werden langsam zu jungen Frauen und Jungen zu jungen Männern.

Pubertät ist eine der Bezeichnungen für diesen Lebensabschnitt. Das Wort *Pubertät* kommt vom lateinischen *puber-*

tas und bedeutet *ausgewachsen* oder *erwachsen*. Es umschreibt all die körperlichen Veränderungen, die sich während dieser Zeit vollziehen. Die meisten dieser Veränderungen ermöglichen es Frauen und Männern, ein Kind zu zeugen.

Ein anderes Wort für die betreffende Entwicklungsphase ist *Adoleszenz*. Dieses Wort kommt vom lateinischen *adolescere* und bedeutet *erwachsen werden*. Adoleszenz umschreibt nicht nur die körperlichen Veränderungen dieser Zeit, sondern auch die seelischen, die Veränderungen in den zwischenmenschlichen Beziehungen und das sich entwickelnde Verantwortungsgefühl.

Auch wenn *Adoleszenz* und *Pubertät*, so betrachtet, unterschiedliche Bedeutungen haben, werden sie oft wie austauschbar benutzt. *Pubertät* oder *Adoleszenz* ist eine Phase, in der Mädchen und Jungen zwar keine Kinder mehr sind, aber auch noch keine Erwachsenen.

Mädchen kommen oft im Alter von 9, 10 oder 11 Jahren in die Pubertät, Jungen in der Regel ungefähr ein Jahr später, wenn sie also 10, 11 oder 12 Jahre alt sind. Die Pubertät erstreckt sich bei den meisten Jugendlichen über ein paar Jahre. Dies lässt ihnen Zeit, sich an ihre erwachsenen Körper zu gewöhnen.

Die vielen Veränderungen, die während der Pubertät in unserem Körper stattfinden, werden durch Hormone verursacht. Hormone sind chemische Substanzen, die an vielen verschiedenen Stellen des Körpers produziert werden. Sie wandern im Blut von ihrem Herstellungsort dorthin, wo sie ihre Aufgaben verrichten. Das Wort *Hormon* kommt vom griechischen *hormon*, das *in Bewegung setzen* bedeutet, *etwas in Gang bringen*. Es gibt viele verschiedene Hormone, die alle eigene Aufgabenbereiche in unserem Körper haben.

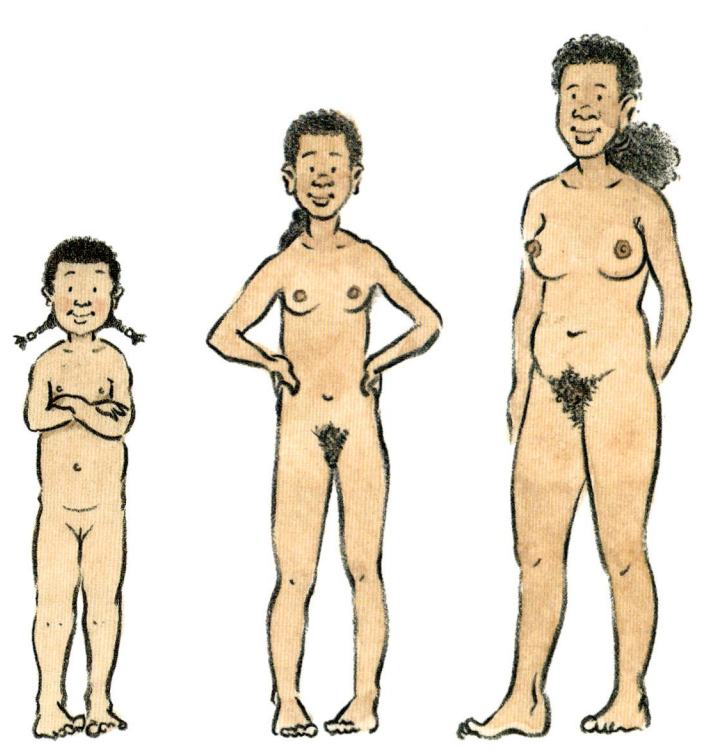

Während der Pubertät »sendet« der Teil des Gehirns, der die Bildung der verschiedenen Hormone steuert, eine Nachricht an die Geschlechtsorgane – die Hoden des Jungen oder die Eierstöcke des Mädchens – und fordert sie auf, Sexualhormone zu produzieren.

Die Sexualhormone im männlichen Körper signalisieren den Hoden, Spermien herzustellen, während sie im weiblichen Körper die Eierstöcke auffordern, ein Ei loszuschicken.

Die Sexualhormone bewirken, dass sich insgesamt die Körper verändern und Kinder langsam zu Erwachsenen werden – und somit wiederum selbst Kinder zeugen können.

Mit der Produktion der Sexualhormone beginnt die Pubertät. Einige Sexualhormone sorgen für Veränderungen in und um die Geschlechtsorgane von Mädchen und Jungen, andere wiederum bewirken Veränderungen im ganzen Körper. Sexualhormone beeinflussen aber auch die Gefühle und Stimmungen von Mädchen und Jungen.

In einigen Kulturen, Religionen, Gemeinschaften und Familien feiert man den Beginn der Pubertät von Mädchen und Jungen. Die Pubertät bekommt hier eine besondere Bedeutung auf dem Weg zum Erwachsenwerden. Andere Kulturen wiederum betrachten diese Zeit als ganz normalen Lebensabschnitt.

Kapitel 11
Ein Ei unterwegs
Weibliche Pubertät

»Fangt an, weibliche Sexualhormone zu produzieren!« Diesen Befehl gibt das Gehirn, genauer die Hirnanhangdrüse, mithilfe des Hormons FSH (Follikelstimulierendes Hormon) an die Eierstöcke. Daraufhin bilden diese die beiden Hormone Östrogen und Progesteron, die wiederum die Aufgabe haben, die Eizellen, die sich seit der Geburt in den Eierstöcken

befinden, heranreifen zu lassen. Im Eierstock sind die Eier im Eibläschen (Follikel) eingebettet.

Mit Beginn der Pubertät reifen jeden Monat in einem der Eierstöcke einige Eizellen heran, jedoch wird fast immer nur eine Eizelle reif. So eine Eizelle hat ungefähr die Größe eines Sandkorns.

Diese Eizellen sind weibliche Geschlechtszellen. Während eines Lebens werden ungefähr 400 bis 500 Eizellen oder Eier reif. Dieser Vorgang wird als Eisprung oder Ovulation bezeichnet. *Ovulation* kommt vom lateinischen *ovum*, das bedeutet *Ei*.

Jeden Monat wird eine Eizelle (selten zwei) von einem der Eierstöcke freigesetzt und von kleinen, fingerartigen Fortsätzen in einen der Eileiter befördert. Und hier, in einem der Eileiter, beginnt ihre ca. vier Tage dauernde Reise in Richtung Gebärmutter. Der Eileiter ist auch der Ort, wo eine Eizelle eine Samenzelle treffen und mit ihr verschmelzen kann. Die Vereinigung einer Eizelle mit der Samenzelle wird Empfängnis oder Befruchtung genannt und ist der Beginn neuen Lebens, eine Zelle, aus der sich ein Kind entwickelt.

Das befruchtete Ei reist weiter durch den Eileiter zur Gebärmutter, wo das weibliche Sexualhormon Progesteron bereits dafür gesorgt hat, dass sich eine weiche Schicht bildet, die das Ei aufnehmen kann. Das befruchtete Ei nistet sich in dieser Schicht der Gebärmutter ein. Diese weiche, dick ausgepolsterte, mollige Schicht besteht aus einer speziellen Schleimhaut, Blutgefäßen und Flüssigkeit und ist so beschaffen, dass das befruchtete Ei einen sicheren Platz hat, um heranzuwachsen.

Wenn das Ei befruchtet worden ist, nistet es sich in der Gebärmutter ein, bleibt dort – und wächst zu einem Kind heran. Meistens wird das Ei allerdings nicht befruchtet. Wenn sich die Eizelle nicht, 24 bis 36 Stunden nachdem sie den Eierstock verlassen hat, mit einer Samenzelle vereinigt, bleibt sie nicht in der Gebärmutter und entwickelt sich nicht zu einem Baby. Stattdessen wird die Eizelle zerstört und vermischt sich mit Blut und der dick ausgepolsterten Schleimhaut der Gebärmutter. Diese wird – weil sich kein befruchtetes Ei in der Gebärmutter eingenistet hat – nicht mehr benötigt. Zusammen mit Blut und Sekreten verlässt die überflüssige Schleimhaut den weiblichen Körper durch die Vagina.

Dieser monatliche Vorgang, das Abstoßen der unbefruchteten Eizelle, wird als Menstruation bezeichnet.

Das Wort *Menstruation* kommt vom lateinischen *mensis*, und bedeutet *Monat*.

EIN EI UNTERWEGS: *Menstruation*

In der Pubertät befiehlt das Gehirn den Eierstöcken Östrogen zu produzieren.
Dieses veranlasst die Eizellen zu reifen.

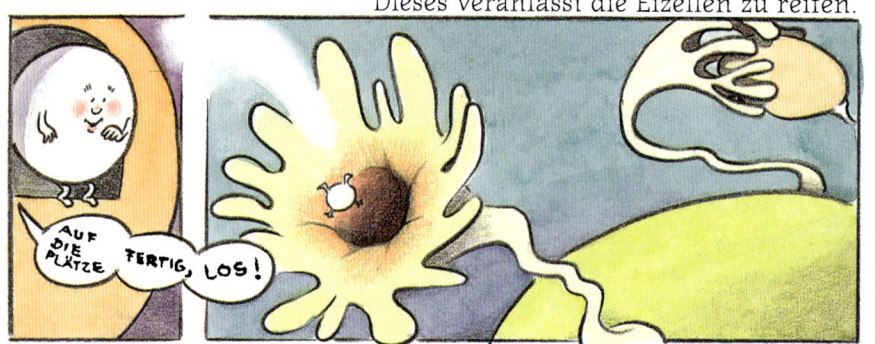 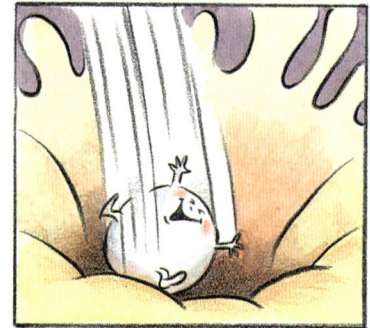

Und dann, ungefähr einmal im Monat, verlässt ein Ei einen Eierstock und springt in einen Eileiter,

wo es wartet, bevor es in die Gebärmutter reist.

Dort lösen sich das Ei und die Gebärmutterschleimhaut auf und werden
ausgestoßen. Im nächsten Monat ...

Die Zeitspanne vom Beginn der Menstruation bis zum Beginn der nächsten wird als Menstruationszyklus bezeichnet.

Normalerweise beginnen Mädchen zu menstruieren, sobald ihre Eierstöcke Eier freisetzen. Von diesem Zeitpunkt an kann ein Mädchen beim Geschlechtsverkehr schwanger werden.

Bei einigen Mädchen werden sogar Eizellen freigesetzt, noch bevor die Menstruation eintritt. Das bedeutet also, dass ein Mädchen schwanger werden könnte, noch bevor es zu menstruieren begonnen hat. Allerdings kommt das äußerst selten vor. Die meisten Mädchen fangen an zu menstruieren, wenn sie 11 oder 12 Jahre alt sind. Aber auch wenn sie ihre erste Menstruation schon mit 9 oder erst mit 15 erleben, ist das nicht ungewöhnlich.

Mädchen sind bei der ersten Regelblutung oft besorgt darüber, dass plötzlich eine große Menge Blut über die Vagina den Körper verlässt. Tatsächlich scheidet der Körper über mehrere Tage (zwischen drei und acht Tagen) nur wenige Teelöffel, bis zu einer Tasse, Menstruationsflüssigkeit langsam aus. Wenn es einmal mehr und einmal weniger ist, ist das völlig normal.

Da dieser Vorgang sich über mehrere Tage erstreckt, bezeichnet man die Menstruation auch mit »die Tage haben« oder mit »Periode«, andere wiederum umschreiben sie mit »Regel« oder »Erdbeerwoche«. Aber ganz egal, welche Bezeichnung verwendet wird: Die Menstruation ist ein natürlicher, gesunder Vorgang.

Wenn Mädchen zu menstruieren beginnen, kommt ihre Periode zunächst unregelmäßig, manchmal im Abstand von einigen wenigen, manchmal aber auch von mehreren Wochen. Oft dauert es bis zu zwei Jahre, bis die Periode eines Mädchens regelmäßig, d. h. ungefähr einmal im Monat, kommt. Bei einigen Mädchen und Frauen ist die Periode nie regelmäßig, und auch das ist nichts Ungewöhnliches.

Die meisten Frauen und Mädchen setzen ihre üblichen Aktivitäten während der Menstruation fort; sie baden, duschen, schwimmen, treiben Sport, tanzen und machen all das, was sie auch sonst gerne tun. Einige Mädchen und Frauen bekommen vor und während ihrer Periode Krämpfe oder leichte Druckschmerzen im Bereich der Gebärmutter.

Verschiedene äußere Einflüsse, wie Reisen, Leistungssport, Gewichtsverlust oder -zunahme, Krankheit oder psychische Belastungen und Stress, können dazu führen, dass der Menstruationszyklus unregelmäßig wird. Wird eine Frau schwanger, setzt die Periode bis nach der Geburt des Kindes aus.

Ab einem Alter von ca. 50 Jahren produziert der weibliche Körper weniger Sexualhormone. Die Eierstöcke setzen dann keine Eizellen mehr frei und auch die Menstruation hört auf. Dieser Zeitabschnitt im Leben einer Frau wird als Menopause, umgangssprachlich auch Wechseljahre, bezeichnet. Mit dem Ende der Menstruationszyklen kann eine Frau auch nicht mehr schwanger werden.

Während der Periode verwenden Frauen und Mädchen Binden oder Tampons, die die aus der Vagina austretende Flüssigkeit aufnehmen. Damit wird verhindert, dass diese in die Kleidung gelangt. Du solltest benutzen, was dir am angenehmsten ist.

Damenbinden und Tampons bestehen aus einem hygienischen, weichen baumwollartigen Material und saugen die Menstruationsflüssigkeit auf. Eine Binde wird in den Slip eingelegt, direkt an die Vaginalöffnung. Die meisten Binden haben auf der Rückseite einen Klebestreifen, damit sie nicht verrutschen.

Tampons werden in die Vagina eingeführt und ermöglichen völlige Bewegungsfreiheit. Sie

Wo die Binde hinkommt

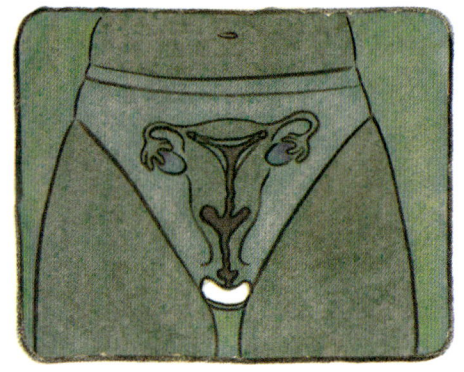

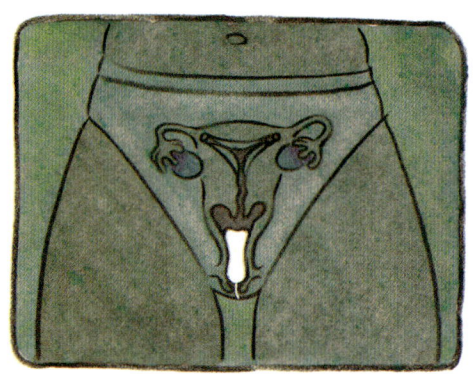

Wo ein Tampon hinkommt

Damenbinden

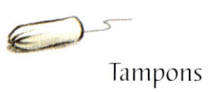 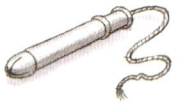
Tampons

können nicht in die Gebärmutter gelangen, weil die Öffnung zum Gebärmutterhals viel zu schmal ist, um den Tampon durchzulassen.

Wenn ein Mädchen erfahren möchte, wann ihre erste Periode zu erwarten ist, kann sie beispielsweise ihre Mutter fragen. Hat die Mutter selbst ihre erste Menstruation früh bekommen, dann ist es wahrscheinlich, dass auch die Tochter früh zu menstruieren beginnt. Hat ihre Mutter die erste Periode relativ spät bekommen, ist anzunehmen, dass dies bei der Tochter auch so sein wird.

Es kann sehr aufschlussreich sein, mit jemandem über die Menstruation zu sprechen – vielleicht mit der Mutter, Großmutter oder Tante, einer älteren Freundin oder Cousine. So lässt sich zum Beispiel herausfinden, was für ein Gefühl das ist und was man tun muss, um sich auf die erste Periode vorzubereiten, wo man Bin-

den oder Tampons bekommt und wie man sie benutzt. Verfügt man über diese Informationen, ist man gut auf die erste Regelblutung vorbereitet, egal, ob sie eintritt, wenn man zu Hause ist, unterwegs mit Freunden oder in der Schule. Für den Fall, dass die Periode gerade dann beginnt, wenn man nicht zu Hause ist, ist es sinnvoll, eine Binde oder einen Tampon in der Tasche zu haben.

Auch wenn ein Mädchen gut auf die erste Periode vorbereitet ist, die erste Regelblutung ist immer eine Überraschung. Einige Mädchen finden das sehr aufregend, andere wiederum erschreckend. Ganz gleich wie man sich dabei fühlt, der Beginn der Menstruation ist etwas völlig Normales und ein natürlicher Teil des Erwachsenwerdens. Die meisten Mädchen empfinden den Beginn der Menstruation als die größte Veränderung während der Pubertät.

Kapitel 12
Die Reise des Spermas
Männliche Pubertät

„Produziert das männliche Sexualhormon Testosteron!" ist einer der Befehle, die das Gehirn eines Jungen während der Pubertät an dessen Hoden aussendet. Und die Hoden befolgen ihn prompt. Sie beginnen damit, Testosteron zu produzieren, und veranlassen somit, dass der männliche Körper wächst und sich vielfältig verändert.

Eine der wichtigsten Aufgaben des Testosterons ist das Produzieren von Spermien – eine völlig neue Funktion für die Hoden.

Die Pubertätszeit ist 'ne emsige Zeit!

Emsig wie eine Biene!

Spermien sind männliche Geschlechtszellen. Jungen beginnen, im Gegensatz zu Mädchen, nicht vor der Pubertät mit der Produktion von Geschlechtszellen. Mit Beginn der Pubertät produzieren die Hoden eine phänomenale Zahl von Spermien – ungefähr einhundert bis dreihundert Millionen Spermien pro Tag. Das sind ungefähr tausend bis dreitausend Spermien pro Sekunde.

Der Hodensack schützt die Hoden, sodass diese bei gleichmäßiger Temperatur – einige Grad unter Körpertemperatur, weder zu kalt noch zu heiß – Spermien produzieren können. Ist es zu kalt, zieht der Hodensack die Hoden näher an den Körper, um die richtige Wärme für die Produktion von Spermien zu garantieren. Wenn ein Mann oder ein Junge in kaltem Wasser schwimmt, bemerkt er, dass sich sein Hodensack zusammenzieht, um die Hoden in Körpernähe zu bringen. Ist es zu heiß, hängt der Hodensack locker herunter, um die richtige Temperatur für die Spermienproduktion herzustellen.

Wenn die Spermien produziert sind, wandern diejenigen vom rechten Hoden durch den rechten Nebenhoden und die vom linken durch den linken Nebenhoden. Während ihrer Wanderung erlangen die Spermien die Fähigkeit zur Befruchtung und zur Vereinigung mit einer weiblichen Eizelle.

Die Spermien passieren die Samenleiter und die Samenbläschen. Dabei vermischen sie sich mit Flüssigkeit aus den Samenbläschen und der Vorsteherdrüse. Diese Mischung wird nun als Samen(flüssigkeit) bezeichnet. Samen ist klebrig, trübe und weißlich.

Darin enthaltene chemische Stoffe schützen die Spermien, während sie in und durch die Harnröhre gelangen und aus der Penisöffnung austreten.

Spermien verlassen den männlichen Körper, wenn er Samenflüssigkeit ejakuliert. *Ejakulieren* bedeutet *etwas plötzlich freisetzen*

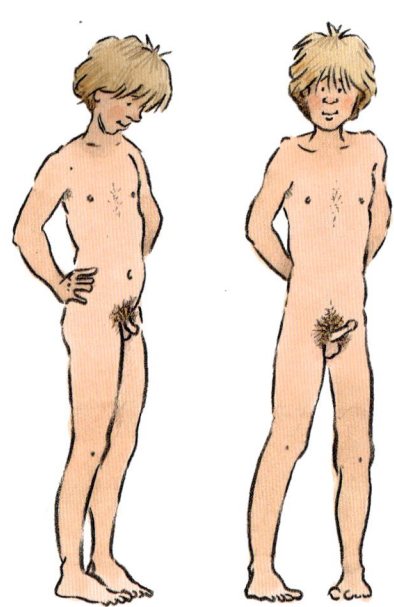

oder *loslassen*. Bei der Ejakulation (Samenerguss) ist der Penis gewöhnlich erigiert (aufgerichtet).

DIE REISE DES SPERMAS: *Ejakulation*

In der Pubertät befiehlt das Gehirn den Hoden, Testosteron und Sperma zu produzieren.

Das Sperma reist zu den Nebenhoden, wo es heranreift.

Dann wandert es weiter durch die Samenleiter, an den Samenbläschen und der Prostata vorbei, durch die

Harnröhre und wird aus der Penisspitze herausgespritzt.

Was im männlichen Körper bei einer Erektion vor sich geht, ist Folgendes: Wenn der Penis nicht erigiert ist, wird er normal durchblutet und das Blut fließt dann ständig wieder zurück in den Blutkreislauf. Aber wenn der Mann eine Erektion hat, dehnen sich bestimmte Muskeln, um mehr Blut in den Penis zu lassen, während andere Muskeln sich zusammenziehen und damit verhindern, dass das überschüssige Blut abfließen kann. Dieser Vorgang bewirkt, dass sich die Schwellkörper im Penis mit Blut füllen. Dadurch wiederum wird der Penis steif, richtet sich auf und steht vom Körper ab. Dieses Aufrichten wird als Erektion bezeichnet.

Wenn die Erektion nachlässt, entspannen sich die Muskeln und lassen das Blut aus dem Penis in den Blutkreislauf zurückfließen. Der Penis wird wieder weich.

Ein Mann kann eine Erektion haben, wenn der Penis berührt oder gestreichelt wird, wenn er an etwas Schönes denkt oder jemanden sieht, der in ihm lustvolle Gefühle hervorruft, bei einer erregenden Filmszene oder bei einem angenehmen Traum.

Oft haben Männer Erektionen, wenn sie aufwachen. Wenn die Blase – der Ort, an dem Urin im Körper aufbewahrt wird – gefüllt ist, reizt sie bestimmte Nerven am Penisende, wodurch vermehrt Blut in den Penis gelangt. Diese morgendliche Erektion hat kaum

etwas mit sexuellen Gedanken und Empfindungen zu tun.

Männer haben gewöhnlich vor und während des Geschlechtsverkehrs eine Erektion. Eine Erektion ermöglicht es dem Penis, in die Vagina einzudringen. Bisweilen haben Jungen oder Männer ohne ersichtlichen Grund Erektionen, auch dann, wenn sie gerade keine haben möchten.

Die Erektion wird auch »einen Harten« oder »einen Steifen haben« genannt, obwohl es keine Knochen im Penis gibt. Erektionen können von einigen Sekunden bis zu einigen Minuten, aber auch bis zu einer halben Stunde oder länger anhalten. Babys haben ebenso Erektionen wie Männer im hohen Alter – sogar im Schlaf.

Was passiert im Körper eines Mannes während einer Ejakulation? Die Muskeln in jedem Nebenhoden, in jedem Samenleiter und den Samenbläschen sowie um die Prostata ziehen sich zusammen und pressen die Samenflüssigkeit in die Harnröhre. Dann wandert die Samenflüssigkeit, die Spermien enthält, durch die Harnröhre und wird durch die Penisöffnung herausgespritzt. Dieser Vorgang verursacht ein lustvolles Gefühl, das als Orgasmus bezeichnet wird.

Während der Ejakulation spannt sich die Muskulatur an, damit gleichzeitig mit dem Samen kein Urin aus dem Penis austritt. Nach der Ejakulation wird der Penis wieder weich und schlaff. Mit einer Ejakulation werden ungefähr zweihundert bis fünfhundert Millionen Spermien ausgestoßen – ungefähr ein Teelöffel Samenflüssigkeit.

Männer können Erektionen haben, ohne zu ejakulieren. Das Blut verlässt den Penis und fließt langsam in den Blutkreislauf zurück, die Erektion lässt nach, der Penis wird wieder weich und hängt zwischen den Beinen. Es kommt vor, wenngleich auch sehr selten, dass Männer ejakulieren, ohne eine Erektion gehabt zu haben.

Die Fähigkeit zu ejakulieren, beginnt während der Pubertät und hält sich bis ins hohe Alter. Ejakulationen haben Jungen oder Männer normalerweise während des Geschlechtsverkehrs. Sie können aber auch während einer anderen Form der sexuellen Betätigung und sogar im Schlaf vorkommen.

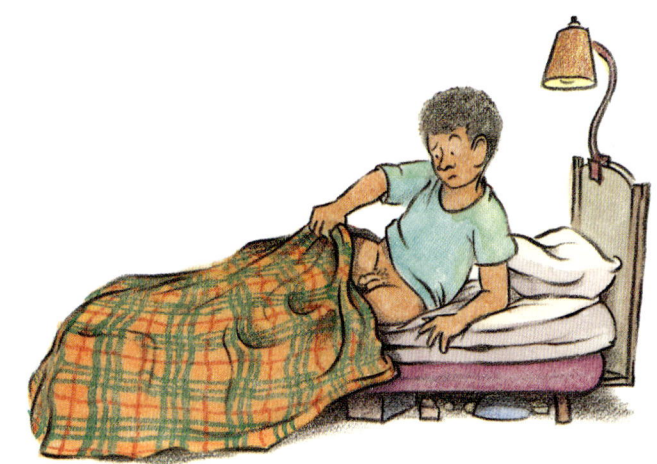

Oft haben Jungen während der Pubertät erste »feuchte Träume«. »Feuchte Träume« provozieren eine Ejakulation im Schlaf, ausgelöst zum Beispiel durch einen erregenden, sexuellen Traum. Beim Aufwachen kann es dann sein, dass Pyjama oder Bettlaken feucht und klebrig von der ejakulierten Samenflüssigkeit sind.

Der wissenschaftliche Ausdruck für einen feuchten Traum ist *nächtlicher Orgasmus*. Feuchte Träume sind normale Vorgänge bei Jungen. Die erste Ejakulation geschieht oft während eines Traums.

Sobald der männliche Körper Spermien produziert, genügt es, wenn nur eines dieser Spermien sich mit einer Eizelle während des Geschlechtsverkehrs vereinigt, damit die Frau schwanger wird und sich aus der vereinigten Eizelle ein Kind entwickelt.

Viele Jungen empfinden die Fähigkeit zur Ejakulation als eine der größten Veränderungen in der Pubertät.

Kapitel 13
Nicht alles auf einmal!
Heranwachsen und körperliche Veränderungen

Während der Pubertät sorgen Sexualhormone dafür, dass Mädchen und Jungen nicht nur wachsen, sondern sich, über mehrere Jahre verteilt, auch ansonsten verändern.

Mädchen: Veränderungen in der Pubertät

- Die Eierstöcke werden langsam größer.
- Der Körper schwitzt mehr.
- Haut und Haare produzieren mehr Fett.
- Der Körper bekommt einen plötzlichen Wachstumsschub.
- Der Körper nimmt an Gewicht zu.
- Arme, Beine werden länger,
- Hände und Füße werden größer.
- Die Gesichtsknochen werden breiter und länger und das Gesicht verliert sein kindliches Aussehen.
- Weiches dunkles Haar wächst im Schambereich, das später kraus, dicht und dick wird.
- Etwas klebrige, weißlich-gelbliche Flüssigkeit kann aus der Vagina austreten.

FAKTEN ZUR PUBERTÄT: Die klebrige weißlich-gelbliche Flüssigkeit, die aus der Vagina austritt, ist normal und dient dazu, die Vagina gesund zu erhalten.

- Die Hüften werden breiter. Der Körper nimmt Rundungen an.

FAKTEN ZUR PUBERTÄT: Die Hüften von Mädchen werden breiter, sodass ein Kind später genug Platz hat, um sich zu entwickeln und die Gebärmutter zu verlassen.

- Haare wachsen in den Achselhöhlen.
- Die Haare auf Armen und Beinen werden dichter und länger.
- Brüste und Brustwarzen werden allmählich größer.

FAKTEN ZUR PUBERTÄT: Die Brüste und Brustwarzen eines Mädchen werden größer und voller, damit sie später in der Lage sind, Milch zu produzieren, um ein Kind zu ernähren.

- Die Brustwarzen nehmen eine dunklere Farbe an.
- Die Menstruation kann beginnen.

FAKTEN ZUR PUBERTÄT: Sobald die Eierstöcke größer geworden sind, setzen sie reife Eizellen frei und die Menstruation beginnt. Mit Beginn der Menstruation kann ein Mädchen schwanger werden.

Jungen: Veränderungen in der Pubertät

- Die Hoden werden allmählich größer und voller.
- Der Penis wird allmählich größer und länger.
- Der Körper schwitzt mehr.
- Haut und Haare produzieren mehr Fett.
- Der Körper bekommt einen plötzlichen Wachstumsschub.
- Der Körper nimmt an Gewicht zu.
- Arme, Beine werden länger.
- Hände, Füße werden größer.
- Die Gesichtsknochen werden breiter und länger und das Gesicht verliert sein kindliches Aussehen.
- Weiches dunkles Haar wächst im Schambereich, das später kraus, dicht und dick wird.
- In den Achseln wachsen Haare.
- Schultern und Brustkorb werden breiter.
- Die Muskeln entwickeln sich.
- Der Hodensack nimmt eine dunklere Farbe an.
- Barthaar fängt an zu wachsen.
- Die Haare auf Armen und Beinen werden dichter, länger.
- Haare wachsen auf der Brust.

FAKTEN ZUR PUBERTÄT: Manchmal fühlt sich die Gegend um die Brustwarzen wund an, sie kann sogar anschwellen. Dies wird durch Hormone verursacht, die während der Pubertät freigesetzt werden. Die Schwellung und das schmerzhafte Gefühl verschwinden nach einigen Monaten.

- Der Kehlkopf wird größer.
- Der Stimmbruch setzt ein und die Stimme wird tiefer.
- Der Adamsapfel kann stärker hervortreten.

FAKTEN ZUR PUBERTÄT: Mit Eintritt des Stimmbruchs schwankt die Stimme, einmal ist sie ganz hoch, im nächsten Moment ganz tief und dann gleich wieder hoch. Aber nach einer gewissen Zeit klingt die Stimme dann tiefer und voller, da Kehlkopf und Stimmbänder gewachsen sind. Wenn der Kehlkopf wächst, kann er den Adamsapfel nach vorne schieben, der somit stärker hervortritt.

- Sperma wird produziert.
- Ejakulationen, einschließlich »feuchter Träume«, sind möglich.

FAKTEN ZUR PUBERTÄT: Sobald ein Junge in der Lage ist, Spermien zu produzieren, kann eine Frau, mit der er Geschlechtsverkehr hat, schwanger werden, vorausgesetzt dass ihre Eierstöcke bereits Eizellen freisetzen können.

In diesem Alter verändern sich die Körper von Jungen und Mädchen dramatischer und schneller als zu irgendeiner anderen Zeit ihres Lebens, mit Ausnahme der allerersten Jahre.

Kapitel 14
Noch mehr Veränderungen!
Auf den eigenen Körper achten

Die meisten körperlichen Veränderungen, die während der Pubertät stattfinden, bewirken, dass unser Körper in vielerlei Hinsicht auf neue Art und Weise funktioniert. Dies bedeutet auch, dass junge Leute lernen müssen, mit ihrem Körper umzugehen.

Bei Jungen und Mädchen wachsen während der Pubertät zum Beispiel in den Achselhöhlen Haare, und die Haare auf Armen und Beinen werden länger und dicker, insbesondere bei Jungen. Haare, die als Schamhaare bezeichnet werden, bilden sich bei Mädchen um die Vulva herum, bei Jungen am Penisansatz – direkt vor einem Knochen, der als Schambein bezeichnet wird.

Wie üppig die Haare bei Jungen während der Pubertät im Gesicht, auf Armen und Beinen und der Brust wachsen, ist sehr unterschiedlich: von spärlich bis dicht.

Manche Jungen und Mädchen fangen während der Pubertät an, sich zu rasieren. Einige Mädchen entschließen sich dazu, die Haare in den Achselhöhlen und auf den Beinen zu entfernen, andere nicht. Manche Jungen rasieren sich den Bart und andere nicht. Es gibt allerdings auch religiöse Gemeinschaften, in denen sich Jungen und Männer nicht rasieren oder die Haare schneiden dürfen.

Während der Pubertät produzieren die Schweißdrüsen mehr Schweiß als vorher. Sowohl Mädchen als auch Jungen schwitzen nun in den Achselhöhlen und entwickeln insgesamt einen neuen Körpergeruch.

Das ist einer der Gründe, weshalb Jungen und Mädchen sich während der Pubertät oft baden oder duschen und Körper sowie Haare häufig waschen. Dieser neue Körpergeruch ist oft das erste Anzeichen für den Beginn der Pubertät. Das Waschen mit Seife und das Benutzen von Deodorants helfen meist, den intensiven Körpergeruch loszuwerden.

Manche jungen Leute schwitzen mehr, andere weniger. Es ist wahrscheinlich, dass du ebenso intensiv schwitzt wie zum Beispiel dein Vater oder deine Mutter, als diese in der Pubertät waren.

Oft werden auch die Haare während der Pubertät fettig und es bilden sich Fettabsonderungen auf Nase und Stirn.

Während der Pubertät entwickeln die meisten Mädchen und Jungen Pickel im Gesicht – meist auf Nase und Stirn, bisweilen aber

auch auf dem Rücken oder der Brust. Obwohl umsichtiges tägliches Waschen mit Wasser und Seife ein gutes Hautpflegemittel ist, reicht dies manchmal nicht

ihre Talg- und Schweißdrüsen aktiver als zuvor sind.

Die Pubertät ist die Zeit, in der sich viele Mädchen entscheiden, einen BH zu tragen. BH steht für Büstenhalter.

Oft gehen Mädchen mit ihrer Mutter, Großmutter oder älteren Schwester, Tante oder einer Freundin los, um ihren ersten BH zu kaufen.

Es ist nicht erforderlich, einen BH zu tragen, damit die Brüste gesund bleiben. Frauen und Mädchen tragen einen BH, weil sie sich damit wohler fühlen. Einige tragen nur dann einen BH, wenn sie Sport treiben, andere immer, außer wenn sie schlafen. Einige Mädchen und Frauen tragen nie einen BH. Egal wie groß die Brüste einer Frau oder eines Mädchens sind, BHs sind in jeder Größe erhältlich. Sie werden mit Körbchen in verschiedenen Größen gefertigt.

Viele Jungen und Männer tragen Suspensorien beim Sport. Ein Suspensorium wird über Hoden und Penis gestreift, um sie vor

aus. Cremes, Lotions und Medikamente helfen dabei, die Pickel zu beseitigen. Sie sind in Drogerien und Apotheken oder im Internet meist ohne Rezept erhältlich, einige müssen jedoch vom Arzt verschrieben werden.

Obwohl niemand Pickel mag, sind sie dennoch völlig normal. Junge Leute haben Pickel, fettigere Haare und schwitzen mehr, weil

Verletzungen zu schützen. Bei Sportarten wie Eishockey können Männer eine Plastikschale, Unterleibsschutz genannt, auf das Suspensorium ziehen, um noch mehr Schutz für Hoden und Penis zu erreichen. Auch diese Schalen sind in verschiedenen Größen erhältlich.

Die Körper von Jungen und Mädchen ändern sich auf so vielfältige Art und Weise während der Pubertät, dass deren Pflege manchmal eine lästige Pflicht werden kann. Allerdings können

gesunde Nahrung, sportliche Betätigung, regelmäßiges Waschen und genügend Schlaf dazu beitragen, dass man sich während dieser ganzen Veränderungen wohlfühlt.

Kapitel 15
Mal so und mal so – Gefühle fahren Achterbahn
Neue und veränderte Gefühle

Die vielen Veränderungen, die während der Pubertät im Körper junger Leute vor sich gehen, sind häufig begleitet von neuen und starken Gefühlen, die das Aussehen, Funktionieren und Empfinden des Körpers betreffen, und von einer neuen Einstellung zum Erwachsenwerden und zur Sexualität.

Viele Jugendliche finden diese Veränderungen aufregend und fühlen sich großartig in ihrem Körper, genauso viele empfinden sie aber als überwältigend und sind schüchtern und gehemmt.

Die meisten jungen Menschen fühlen sich zu irgendeiner Zeit der Pubertät verwirrt und unbehaglich, ja manchmal sogar

- Ich hab genug von diesen Veränderungen!
- Mach nicht so ein Theater! Du hast immer noch denselben Körper.
- Aber glaub mir, manchmal fühlt er sich gar nicht so an.

bedroht von den großen und teilweise rasanten Veränderungen.

Mädchen und Jungen beschäftigen sich oft mit der Frage nach der Größe bestimmter Körperteile. Doch ob klein, mittel oder groß, die Größe eines Körperteils hat überhaupt nichts damit zu tun, wie gut es funktioniert.

Richtig ist, dass verschiedene Körper sich unterschiedlich entwickeln. Manche Mädchen entwickeln kleine Brüste, andere bekommen mittlere und wieder andere große Brüste. Manche Jungen haben einen kleinen Penis, andere einen mittleren und wieder andere einen großen Penis. Brüste und Penisse gibt es in allen Größen und Formen.

Ein Mädchen mit kleinen Brüsten mag in dieser Hinsicht nach ihrer Mutter, Großmutter oder einer anderen Verwandten geraten sein. Und ein Junge mit kleinem Penis könnte diese Veranlagung von seinem Vater, seinem Großvater oder einem anderen Verwandten geerbt haben. Die Größe eines Körperteils wird meistens innerhalb der Familie vererbt.

Auch der Beginn der Pubertät ist oft identisch mit dem naher Familienmitglieder des eigenen Geschlechts. Du kannst ja einmal deine Mutter oder deinen Vater oder andere Familienmitglieder fragen, wie die Pubertät für sie war und wann sie bei ihnen einsetzte. So könntest du Hinweise darüber bekommen, wie du dich wahrscheinlich entwickeln wirst.

> Ganz schön schwer, ein Frühstarter oder ein Spätentwickler zu sein.

> Wann gestartet wird, ist mir egal, Hauptsache, es gibt keinen Fehlstart!

Die Ungewissheit und Unsicherheit, wann denn nun *diese Pubertät* beginnt, beschäftigt Mädchen und Jungen. Der zeitliche Aspekt hat jedoch keinen Einfluss darauf, wie ein Körper einmal aussehen oder funktionieren wird.

Trotzdem kann es unter Freunden oder in deiner Klasse ganz schön schwer sein, entweder das erste oder letzte Mädchen zu sein, das die Periode bekommt oder einen BH trägt, der erste oder letzte Junge zu sein, der anfängt sich zu rasieren oder dessen Stimme sich verändert, oder Kleinster oder Größter zu sein.

Leider ziehen sich Mädchen und Jungen gegenseitig damit auf, wie ihre Körper während der Pubertät aussehen und wie sie sich verändern. Es kann sein, dass Arme, Hände, Beine und Füße eines jungen Menschen wachsen, bevor der Rest des Körpers nachzieht.

Die Stimme eines Jungen kann mitten im Satz kippen und auf der Stirn eines Mädchens kann, ausgerechnet vor einer Party, ein Riesenpickel auftauchen. Oft sind das die Dinge, mit denen Mädchen und Jungen während der Pubertät gehänselt werden.

Oft haben Jugendliche in dieser Zeit Schwierigkeiten mit Freundschaften. Es ist die Zeit, in der einige zum ersten Mal verliebt sind und mit einem Jungen bzw. einem Mädchen »gehen«.

Vielleicht interessiert sich eine deiner Freundinnen oder einer deiner Freunde plötzlich sexuell für jemand anderen, während dich diese Dinge (noch) völlig kalt lassen. Oder jemand aus deinem Freundeskreis »geht« mit einem Jungen oder Mädchen, oder du selbst hast nun eine Freundin oder einen Freund und deine anderen Freunde noch nicht.

Manchmal sind junge Leute unglücklich oder eifersüchtig, wenn ihre Freundin oder ihr Freund mit jemandem »geht« und viel Zeit mit ihm oder ihr verbringt. Obwohl viele Freundschaften die Pubertät überdauern, verändern sich doch manche in dieser Zeit.

Wer mit wem »geht« oder sich für jemanden interessiert, kann Anlass für Hänseleien während der Pubertät sein. Kein Wunder also, wenn bei Mädchen und Jungen so viele unterschiedliche Gefühle entstehen. Sie sind oft launisch oder mürrisch, ja sogar den Tränen nahe und weinen mehr als sonst. In dieser Zeit ändern sich Launen jedoch schnell wieder. Man kann in einem Moment lachen und im nächsten schon wieder weinen.

Diese verschiedenen Gefühle gehen hin und her, auf und ab wie ein Jo-Jo. Die erhöhte Aktivität der Sexualhormone ist ein Grund für die extremen Gefühlsschwankungen, aber auch für die neuen und intensiven Empfindungen.

Oft verändert sich der Körper, bevor Mädchen und Jungen bereit sind, erwachsen zu werden. Manchmal möchten sie noch lieber wie Kinder behandelt werden und im nächsten Moment wie Erwachsene.

Die Veränderung vom Kind zum Erwachsenen hat schwierige Phasen. Aber früher oder später gewöhnen sich junge Leute daran, werden mit ihrem erwachsenen Körper vertrauter und beginnen ihn zu mögen.

Kapitel 16
Total normal
Selbstbefriedigung

Während der Pubertät, wenn die Sexualhormone von Mädchen und Jungen dafür sorgen, dass die Geschlechtsorgane aktiver werden, entwickeln viele Teenager lustvolle, angenehme Gefühle für den eigenen Körper. Gleichzeitig interessieren sie sich mehr für die Körper anderer und fühlen sich von ihnen angezogen.

Diese Gefühle werden oft als sexuelle Gefühle bezeichnet. Obwohl sie schwierig zu beschreiben sind, sind sie doch völlig normal. Sie äußern sich sowohl zu verschiedenen Zeiten als auch auf unterschiedliche Weise.

Mädchen und Jungen, Teenager und Erwachsene machen auch Erfahrung mit sexuellen Gefühlen, wenn sie onanieren. *Onanie* oder *Selbstbefriedigung* ist das lustvolle Berühren oder Reiben der äußeren Geschlechtsorgane und verursacht ein schönes Gefühl. In der Umgangssprache wird Onanie, auch *Masturbation*, mit »an sich selbst herumspielen« umschrieben.

Manche Leute behaupten, dass Selbstbefriedigung gesundheitsschädlich sei, und in einigen Religionen wird sie als Sünde bezeichnet. Aber Selbstbefriedigung ist völlig normal und verursacht keinerlei Schäden, im Gegensatz zum Geschlechtsverkehr kann sie weder zur Schwangerschaft noch zu Infektionen führen. Viele Menschen onanieren, viele nicht. Ob du onanierst oder nicht, ist allein deine Entscheidung.

Wenn Leute onanieren, reiben sie ihre äußeren Ge-

schlechtsorgane mit der Hand oder mit einem weichen Gegenstand, zum Beispiel einem Kissen. Ein Mädchen streichelt meist ihre Klitoris oder ihre Brüste, ein Junge seinen Penis.

Beim Onanieren stellt sich in der Regel ein warmes, wunderbar prickelndes, aufregendes Gefühl im ganzen Körper ein. Dieses Gefühl kann sich immer mehr steigern, bis es einen Höhepunkt erreicht. Dabei können Jungen oder Männer ejakulieren, während Mädchen oder Frauen eine heftige Erregung um ihre feuchte Vulva verspüren, die sich oft auf den ganzen Körper verteilt.

Dieses Gefühl wird als Orgasmus bezeichnet oder auch als »Kommen«. Nach einem Orgasmus fühlt man sich normalerweise zufrieden und entspannt. Sowohl beim Geschlechtsverkehr als auch beim Onanieren hat man gewöhnlich einen Orgasmus, manchmal auch bei einem Traum. Aber nicht jeder hat einen Orgasmus.

Beim Onanieren denkt man oft an etwas Schönes, sexuell Erregendes oder einen bestimmten Menschen. Aber auch ohne Selbstbefriedigung stellen sich lustvolle, sexuelle Gefühle ein, zum Beispiel beim Betrachten erotischer Bilder oder Filme.

Menschen onanieren in jedem Alter – selbst Babys, aber auch Kinder, Teenager, Erwachsene und alte Menschen. Mädchen und Jungen beginnen oft in der Pubertät zu onanieren, viele aber auch schon vorher.

Teil 4
Familien und Kinder

Kapitel 17
Ganz verschiedene Familien
Für Babys und Kinder sorgen

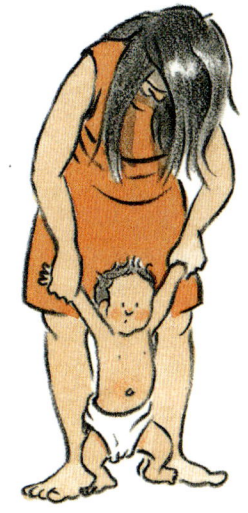

Babys und Kinder wachsen in allen möglichen Familien auf. Es gibt Kinder, deren Mütter und Väter zusammen oder getrennt leben. Andere wiederum haben nur einen Elternteil oder sind adoptiert worden. Es gibt Kinder, die bei Stiefeltern oder einer Tante, einem Onkel, der Großmutter, einem Großvater oder anderen Verwandten leben. Wieder andere haben homosexuelle Eltern oder Pflegeeltern.

Großeltern, Cousinen und Cousins, Tanten und Onkel gehören zur Familie, Manche zählen auch gute Freunde dazu. Die meisten Kinder werden

geliebt und die Mitglieder ihrer Familie bzw. deren Freunde sorgen für sie.

Ein Kind auf die Welt zu bringen ist ein aufregendes Ereignis, Mutter oder Vater zu werden eine der wichtigsten Veränderungen im Leben eines Menschen. Es bringt verschiedene und neue Formen von Verantwortung mit sich.

Meine Familie hat sich aus dem Staub gemacht.

Wir bleiben zusammen – in der Nähe des Bienenstocks.

Dazu gehört, nicht nur für sich selbst zu sorgen, sondern auch für das Kind und die Familie.

Daher ist der Zeitpunkt für die Entscheidung, eine Familie zu gründen, so wichtig. Obwohl es körperlich für ein Mädchen und einen Jungen möglich ist, ein Kind zu zeugen, sobald das Mädchen zu menstruieren begonnen hat (in seltenen Fällen sogar schon vorher) und der Junge Spermien produzieren kann, ist es sinnvoll, damit zu warten, bis man wirklich bereit dazu und alt genug ist, eine so große Verantwortung zu übernehmen.

Es ist schwierig, für ein Kind zu sorgen, wenn man noch sehr jung ist. Dafür gibt es viele Gründe. Babys von Kindern und Teenagern werden oft mit Untergewicht geboren, sogar nach den vollen neun Monaten in der Gebärmutter. Kinder, die mit Untergewicht geboren werden, sind bei der Geburt und im späteren Leben anfälliger für Krankheiten.

Eltern fällt es oft schwer, für ein Kind zu sorgen, besonders wenn sie selbst noch Kinder oder Teenager sind. Junge Leute, die Kinder haben, verlieren meist die Freiheit, tun zu können, was sie wollen. Es wird schwierig, mit Freunden aus-

Babys sind süß. So richtig zum Liebhaben – weich und kuschelig.

Du musst dich ja auch nicht den ganzen Tag und die ganze Nacht um sie kümmern, sie füttern, baden, auf sie aufpassen, mit ihnen spielen, sie an- und ausziehen, Windeln wechseln ...

Ist schon klar!

Kinder sind etwas ganz Besonderes und Mütter und Väter lieben ihr Kind sehr, ganz gleich, ob sie jung oder älter sind. Aber es ist einfacher und vernünftiger, zu warten, bis man alt genug ist, um für ein Kind angemessen sorgen zu können.

Sowohl das Kind als auch die Eltern haben dann bessere Chancen für einen gelungenen gemeinsamen Start.

zugehen oder die Schularbeiten zu erledigen, wenn man ein Kind um sich hat. Kinder benötigen viel Zuwendung, tagein, tagaus, jeden Tag, jede Nacht.

Teenager, die ein Kind haben, müssen womöglich die Schule abbrechen, zum Beispiel, um arbeiten zu gehen. Nahrung, Kleidung, Spielsachen und Medizin für das Kind sind teuer. Ohne abgeschlossene Ausbildung ist es eventuell schwer, einen guten Job zu bekommen. Auch die Kosten für einen Babysitter, der auf das Kind aufpasst, während man selbst in die Schule oder zur Arbeit geht, sind beträchtlich.

Kapitel 18
Elterliche Anweisungen
Die Zelle: Gene und Chromosomen

Alle Lebewesen entstehen aus einer einzigen Zelle. Wenn sich zwei Geschlechtszellen, eine Eizelle und ein Spermium, zu einer Zelle vereinigen, tragen sie alle erforderlichen Informationen, damit ein Kind, ein neues menschliches Lebewesen, entstehen kann, in sich. Diese Informationen stecken in mehr als hunderttausend Genen im Zentrum der Zelle.

Einige Wissenschaftler beschreiben die Gene eines Menschen als kleine Informationspakete, die festlegen, ob du als Mädchen oder Junge geboren wirst. Sie bestimmen außerdem deine Augenfarbe und Ohrenform, deine Haarstruktur und deine Haut- und Haarfarbe.

Deine Gene wurden von deinen Eltern auf dich übertragen und diese wiederum erhielten sie von ihren Eltern und von früheren Generationen auf beiden Seiten deiner Familie. Viele deiner Gene werden auch auf deine Kinder und Enkel übertragen.

Gene bestehen aus DNS – eine Abkürzung für Desoxyribonukleinsäure. Häufiger noch spricht man von DNA nach der englischen Bezeichnung – das englische Wort für *Säure* lautet *acid*. Gene werden von langen, fadenartigen DNA-Bändern transportiert, die als Chromosomen bezeichnet werden. Ein Gen ist ein winziger Teil eines Chromosoms. Ein Chromosom ist der Teil der Zelle, der die Gene eines Menschen enthält. Du kannst dir ein Chromosom als Perlenschnur vorstellen, mit jedem Gen als Perle. Die Zellen im menschlichen Körper haben gewöhnlich 46 Chromosomen.

Ein Chromosom

Aber jede Eizelle und jede Spermienzelle hat nur 23 Chromosomen. Wenn eine Eizelle und ein Spermium sich vereinigen, verfügt die kombinierte Einzelzelle über 46 Chromosomen.

Das bedeutet, dass die Hälfte deiner Chromosomen und damit

die Hälfte deiner DNA von deiner Mutter und die andere Hälfte von deinem Vater kommt. Du hast eine Genkombination von beiden erhalten. Das ist der Grund, warum du keine genaue Kopie eines Elternteils bist, sondern beiden ähnelst.

Wenn zur selben Zeit zwei Eizellen die Eierstöcke verlassen und jede Eizelle von einem ande-

ren Spermium befruchtet wird, wachsen zweieiige, d. h. nicht identische Zwillinge heran. Da zweieiige Zwillinge nicht dieselben Gene haben, sehen sie nicht gleich aus und sind auch nicht unbedingt gleichgeschlechtlich.

Eineiige Zwillinge entstehen, wenn sich eine Eizelle nach der Befruchtung teilt. Da eineiige Zwillinge dieselben Gene haben, haben sie immer dasselbe

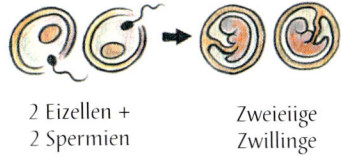

2 Eizellen + 2 Spermien → Zweieiige Zwillinge

Geschlecht und sind kaum voneinander zu unterscheiden.

Kommen zwei oder mehr Babys bei einer Geburt zur Welt

1 Eizelle + 1 Spermium → Eineiige Zwillinge

– Zwillinge, Drillinge etc. –, wird das als Mehrlingsgeburt bezeichnet.

Wenn du kein eineiiger Zwilling bist, bist du keine exakte genetische Kopie deiner Schwester oder deines Bruders, da zwei verschiedene Eizellen und Spermien für die Entstehung von euch beiden verantwortlich waren. Jedes Spermium und jede Eizelle enthält eine andere Erbinformation. Deshalb kannst du deiner Schwester oder deinem Bruder sowohl sehr als auch gar nicht ähneln.

Wissenschaftler haben herausgefunden, dass das Geschlecht eines Menschen in dem Moment festgelegt wird, in dem sich Eizelle und Spermium vereinigen. Unter den 23 Chromosomen in der Eizelle und denen der Spermienzelle befindet sich jeweils eins der beiden Geschlechtschromosomen – X und Y.

Alle Eizellen tragen ein X-Chromosom und jedes Spermium trägt entweder ein X- oder ein Y-Chromosom. Wenn ein Ei von einem Spermium befruchtet wird, das ein Y-Chromosom trägt, wird die Eizelle zu einem kleinen Jungen heranreifen – XY. Wenn ein Ei

von einem Spermium befruchtet wird, das ein X-Chromosom trägt, entwickelt sich ein kleines Mädchen – XX.

Ob du als Mädchen oder Junge geboren wurdest, wurde dadurch entschieden, welches Chromosom in dem Spermium deines Vaters war, das die Eizelle deiner Mutter befruchtete.

Die Gene in deinem Körper tragen eine Menge Informatio-

nen und entscheiden über vieles – jedoch nicht über alles –, was dich betrifft. Das soziale Umfeld, in dem du aufwächst, die Ernährung, wie viel du dich bewegst, aber insbesondere deine Familie prägen dich. Deshalb ist jeder Mensch einzigartig, selbst eineiige Zwillinge – die absolut gleich erscheinen.

Kapitel 19
Sich körperlich nahe sein
Kuscheln, Küssen, Berühren und Geschlechtsverkehr

Geschlechtsverkehr oder, wie es oft genannt wird, »miteinander schlafen« oder »Liebe machen« ist eine Möglichkeit, sich körperlich nahe zu sein. Der Ursprung eines neuen menschlichen Lebewesens – eines Kindes – kann sich unmittelbar nach dem Geschlechtsverkehr bilden, wenn sich eine Spermienzelle mit einer Eizelle vereinigt.

Berühren, Streicheln, Küssen und Umarmen, auch *Petting* genannt, sind andere Möglichkeiten, sich einander nahe zu fühlen und Zuneigung für einander zu empfinden. Man kann sexuelle Erregung verspüren, ohne miteinander zu schlafen.

Die Entscheidung, keinen Geschlechtsverkehr haben zu wollen, wird als Enthaltsamkeit bezeichnet. Wenn zwei junge Leute glauben, sie seien zu jung, um schon Geschlechtsverkehr zu haben, sich noch nicht gut genug kennen oder aus irgendwelchen anderen Gründen nicht miteinander schlafen wollen, können sie einfach nur Händchen halten, sich umarmen, miteinander tanzen oder sich küssen. Das Zusammensein zweier Menschen, die sich etwas bedeuten, heißt immer auch, die Gefühle und Wünsche des Partners zu respektieren. Dazu gehört das Recht, jederzeit *Nein* zu sagen zu sexuellen Aktivitäten.

Geschlechtsverkehr beginnt gewöhnlich mit Umarmen, Streicheln und Küssen. Nach einer Weile wird die Vagina feucht, die Klitoris verhärtet sich und der Penis erigiert, wird steif und größer. Manchmal tritt bereits jetzt ein wenig klare Flüssigkeit, die schon Spermien enthalten kann, aus der Penisöffnung. Die sexuelle Erregung steigt bei beiden.

Für den erigierten Penis ist es nun möglich, in die Vagina zu gelangen, die sich ausdehnt und den Penis umschließt. Die Scheidenflüssigkeit erleichtert dem Penis das Eindringen.

Während des Geschlechtsverkehrs bewegen sich Mann und

Frau in einem bestimmten Rhythmus, sodass die Bewegungen des Penis in der Vagina schon bald ein wunderbar prickelndes Gefühl erzeugen. Auch die Küsse werden intensiver und die Brustwarzen richten sich auf.

Auf dem sexuellen Höhepunkt wird Samenflüssigkeit aus der Penisöffnung ausgestoßen und spritzt in die Vagina. Die Muskeln in Vagina und Gebärmutter ziehen sich zusammen und entspannen sich schließlich wieder. Ein bisschen Flüssigkeit kann aus der Vagina austreten. Man bezeichnet diesen Höhepunkt als Orgasmus.

Ein Mann und eine Frau erleben den Orgasmus nicht unbedingt zur gleichen Zeit. Wenn Mädchen oder Frauen zum Höhepunkt kommen, dann in der Regel dadurch, dass die Klitoris direkt gestreichelt oder indirekt durch die Bewegung des Penis stimuliert wird. Nach dem Orgasmus fühlen sich die meisten Menschen entspannt und manchmal auch schläfrig.

Bei jedem Geschlechtsverkehr eines fortpflanzungsfähigen heterosexuellen Paares kann ein Kind gezeugt werden – es sei denn, die Frau ist bereits schwanger.

Es kursieren viele falsche Vorstellungen darüber, wie ein Mädchen oder eine Frau beim Geschlechtsverkehr schwanger werden beziehungsweise wie man eine Schwangerschaft verhindern kann.

Es ist wichtig, zu wissen, dass ein Mädchen oder eine Frau schwanger werden kann, auch wenn sie während des Geschlechtsverkehrs steht; auch beim ersten Mal; auch wenn sie ihre Periode hat, selbst dann, wenn sie keinen Orgasmus hat.

Sie kann schwanger werden, auch wenn der Junge oder der Mann vor der Ejakulation den Penis aus der Vagina zieht. Wenn Sperma in die Nähe der Vaginalöffnung kommt oder vor der Ejakulation auch nur mikroskopisch wenig Sperma austritt, können die darin befindlichen

Spermien die Vagina hinaufschwimmen und sich mit einer Eizelle vereinigen.

Dies kann selbst dann passieren, wenn eine Frau und ein Mann gar keinen Geschlechtsverkehr haben und Sperma in der Nähe der Vaginalöffnung ejakuliert wird.

Es ist sinnvoll, mit dem Geschlechtsverkehr zu warten, bis man alt genug ist, sich verantwortungsvoll um ein Baby zu kümmern. Der sicherste Weg, nicht schwanger zu werden, ist der Verzicht auf Geschlechtsverkehr – die Enthaltsamkeit.

Falls ein Paar sich entscheidet, miteinander zu schlafen, gibt es

Programmunterbrechung: Warnung! Du kannst schwanger werden, wenn du Geschlechtsverkehr hast!

Schrei nicht so! Ich will schlafen!

jedoch Möglichkeiten, sich vor einer ungewollten Schwangerschaft zu schützen – man nennt dies *Verhütung* oder *Geburtenkontrolle*.

Außerdem kann ein Paar sich gegenseitig vor Infektionen schützen, die wie HIV, humane Papillomviren oder Gonorrhoe durch sexuellen Kontakt übertragen werden, indem es jedes Mal beim Geschlechtsverkehr ein Kondom richtig benutzt. Das ist eine Möglichkeit, »Safer Sex« – sicheren Geschlechtsverkehr – zu haben.

Es gibt noch andere Arten, Geschlechtsverkehr zu haben. Wenn eine Person die Vulva oder den Penis mit seinem oder ihrem Mund liebkost, nennt man das Oralverkehr, das kommt vom lateinischen *os* für Mund. Dringt der Penis in den After einer anderen Person ein, so spricht man von Analverkehr, vom lateinischen *anus* für After.

Manche Leute denken, beim Oral- und Analverkehr habe man nicht wirklich Sex, und dass man so enthaltsam sei. Doch diese beiden Praktiken sind nur verschiedene Möglichkeiten, Sex zu haben.

Durch Oral- oder Analverkehr kann eine Frau nicht schwanger werden. Doch mit sexuell übertragbaren Krankheiten wie HIV, humanen Papillomviren oder Gonorrhoe können Mann oder Frau durch diese Praktiken infiziert werden. Das korrekte Benutzen eines neuen Kondoms bei jedem Oral- und Analverkehr gehört zum Safer Sex.

Kapitel 20
Vor der Geburt
Die Schwangerschaft

Die Schwangerschaft ist die Zeitspanne vor der Geburt, in der sich eine befruchtete Eizelle in der Gebärmutter einnistet, dort heranwächst und sich schließlich zu einem Kind entwickelt. Die Vereinigung von Spermium und Eizelle wird *Befruchtung* oder *Empfängnis* genannt.

Wissenschaftler haben genau herausgefunden, wie eine Schwangerschaft beginnt, indem sie die Wanderung eines Spermiums, seine Begegnung mit der Eizelle und die Vereinigung der beiden beobachtet haben.

Lebende Spermien können sich hervorragend fortbewegen, und es ist spannend, ihre Bewegungen unter dem Mikroskop zu verfolgen. Man kann beobachten, wie sie ihre Schwänze schnell hin und her bewegen. Sie sehen wie Kaulquappen aus und schwimmen wie ein Fischschwarm in großer Zahl von etwa fünfhundert Millionen einzelnen Zellen.

Wenn Sperma während des Geschlechtsverkehrs in die Vagina der Frau ejakuliert wird, schwimmen die Spermien die Vagina hinauf, durch den Gebärmutterhals, in die Gebärmutter und in die Eileiter. Wenn eine Eizelle freigesetzt und in einen der Eileiter geschwemmt worden ist, kann sich ein Spermium mit ihr vereinigen und sie befruchten. Das ist der Beginn einer Schwangerschaft.

Nur ungefähr zweihundert von fünfhundert Millionen Spermien einer Ejakulation kommen in die Nähe der Eizelle.

Wissenschaftler haben nachgewiesen, dass ein chemischer Stoff in der Flüssigkeit, die die Eizelle umgibt, die Spermien anzieht und ihnen mitteilt, dass die Eizelle bereit ist. Außerdem lässt er nur ein Spermium dieser ungefähr zweihundert in die Zelle. Nachdem dieses Spermium in die Eizelle gelangt ist, kann kein anderes Spermium mehr eindringen, und die Befruchtung kann stattfinden.

Sobald sich eine Eizelle mit einer Spermienzelle vereinigt hat, wird eine Einzelzelle daraus, die erste Zelle eines Kindes. Ein befruchtetes Ei wird ab dem Zeitpunkt der Empfängnis für die nächsten Tage der Reise zur Gebärmutter als *Zygote* bezeichnet; während der ersten zwei Monate, in denen es sich in der Gebärmutter entwickelt, als *Embryo* und während der verbleibenden Zeit der Schwangerschaft bis zum Moment der Geburt als *Fötus*.

Die befruchtete Eizelle braucht ungefähr fünf Tage, um durch den Eileiter zur Gebärmutter zu gelangen. Dabei teilt sich die Zelle immer wieder. In der Gebärmutter selbst nistet sie sich in der dafür vorgesehenen weichen Schicht ein, wo sie heranwächst und sich zu einem Kind entwickelt. Die Gebärmutter heißt auch *Uterus*. Früher bezeichnete man sie oft als »Schoß«.

DIE WEITEREN ABENTEUER VON EIZELLE UND SPERMA:
Schwangerschaft

Das Ei wartet im Eileiter darauf, von einem Spermium befruchtet zu werden.

Die Spermien verlassen den Penis und bewegen sich die Vagina hinauf in die Gebärmutter und weiter in einen Eileiter,

wo meistens schon ein Ei darauf wartet, sich mit einem Spermium zu vereinigen.

Wenn ein Spermium in eine Eizelle eindringt, verschmelzen beide zu einer Zelle, und die Schwangerschaft kann beginnen.

Von der Zygote zum Baby – 9 Monate

  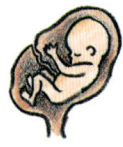  

Zygote – 1. Tag   Embryo – ein Monat   Fötus – drei Monate   Fötus – sechs Monate   Kind – kurz vor der Geburt

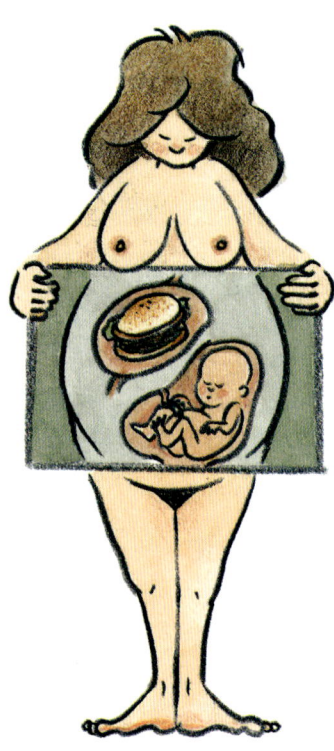

In der Gebärmutter angekommen, teilt sich die befruchtete Eizelle billionenfach. Schließlich – über den Zeitraum von neun Monaten – wird aus diesen Zellen ein neuer Mensch.

In der Gebärmutter bildet sich eine Blase um das werdende Kind, die mit einer wässrigen Flüssigkeit gefüllt ist und es vor Erschütterungen und Stößen schützt. Man bezeichnet sie als *Fruchtblase* und die Flüssigkeit darin als *Fruchtwasser*. Sie ist warm und sorgt dafür, dass das Kind eine gemütliche, mollige Umgebung hat.

Viele Kinder und sogar einige Erwachsene denken, dass sich das Kind im Magen der Mutter entwickelt. Das ist natürlich falsch, denn ein Kind entwickelt sich immer in der Gebärmutter.

Mit dem wachsenden und sich entwickelnden Kind vergrößert sich auch die Gebärmutter.

Während sich der Embryo in der Gebärmutter einnistet, bildet sich ein spezielles Organ in der Gebärmutter, das als *Plazenta* bezeichnet wird. In der Schwangerschaft versorgt die Plazenta den Embryo und später den Fötus mit Nährstoffen aus der Nahrung, die die Mutter zu sich nimmt, und mit dem Sauerstoff, den die Mutter einatmet.

Diese Nährstoffe bestehen aus Vitaminen, Proteinen, Fett, Zucker, Kohlenhydraten und

Wasser – aus allem, was ein Fötus braucht, um sich zu einem gesunden Kind zu entwickeln.

Die Nabelschnur, eine weiche, biegsame Schnur, verbindet die Plazenta mit dem Fötus an dessen Bauchnabel. Sauerstoff und Nährstoffe gelangen mit dem Blut, das in der Nabelschnur fließt, von der Plazenta in das Blut des Fötus. Sauerstoff, Nährstoffe und andere Substanzen, die der Fötus benötigt, gelangen so aus dem Blutkreislauf der Mutter in den Blutkreislauf des Kindes.

Auf demselben Weg, nämlich durch die Nabelschnur, gelangen die flüssigen und festen Abfallstoffe, die der Fötus nicht verwertet, zurück in die Plazenta und von dort in den Blutkreislauf der Mutter, um dann mit den Abfallstoffen der Mutter deren Körper zu verlassen.

Medikamente, Drogen und Alkohol können ebenfalls aus dem Blut der Mutter in den Blutkreislauf des Fötus gelangen. Aus diesem Grund sollte eine schwangere Frau sehr vorsichtig sein mit dem, was sie isst, trinkt und ansonsten zu sich nimmt. Bevor sie ein Medikament einnimmt, sollte sie mit ihrem Arzt oder einer Krankenschwester abklären, ob dies für das Kind unbedenklich ist.

Wenn eine schwangere Frau Drogen konsumiert, in großen Mengen Alkohol trinkt, raucht, sich ungesund ernährt oder während der Schwangerschaft an bestimmten Infektionen erkrankt, ist das Kind gefährdet und kann schon mit bedrohlichen Gesundheitsschäden geboren werden. Es könnte Schwierigkeiten bei der Nahrungsaufnahme und beim Atmen haben oder unter Wachstumsstörungen leiden. Kinder von drogenabhängigen Müttern kommen oft bereits drogenabhängig zur Welt.

Mütter, die während der Schwangerschaft auf sich achten, sich regelmäßig untersuchen lassen, sich gesund ernähren und für ausreichend Bewegung und Schlaf sorgen, haben die besten Chancen, ein gesundes Kind auf die Welt zu bringen.

Kapitel 21
Eine aufregende Reise
Die Geburt

Die Geburt eines Kindes ist fast immer ein natürliches und freudiges Ereignis. Wenn sich die Muskeln der Gebärmutter rhythmisch zusammenziehen, steht die Geburt unmittelbar bevor.

Die Muskeln einer Frau sind somit bereit, das Kind aus der Gebärmutter herauszupressen. Dieses Zusammenziehen, Pressen und Drücken bezeichnet man als *Wehen*. In der Regel begibt sich eine Frau mit dem Einsetzen der Wehen in ein Krankenhaus, wenn sie sich nicht dafür entschieden hat, ihr Kind zu Hause mithilfe eines Arztes und einer Hebamme zu entbinden. Eine Hebamme ist speziell dafür ausgebildet, Frauen bei der Geburt ihres Kindes zu helfen. Sie ist keine Ärztin.

Neben der Hebamme können Väter und andere Familienmitglieder oder Freunde der Frau bei der Geburt zur Seite stehen. Die Wehen können zwischen einer Stunde und einem Tag andauern.

Nach dem Beginn der Wehen, gelegentlich auch vorher, platzt die Fruchtblase, und die darin befindliche Flüssigkeit, das Fruchtwasser, tritt aus. Dies ist ein weiteres Anzeichen dafür, dass die Geburt des Kindes bevorsteht.

Während der Geburt schiebt sich das Kind von der Gebärmutter durch den Gebärmutterhals, der sich während der Wehen geöffnet und geweitet hat, zur Vagina. Die Vagina dehnt sich ebenfalls, während das Kind durch sie hindurch den Körper der Mutter verlässt.

Die Vagina wird auch als *Geburtskanal* bezeichnet, denn *Kanal* ist ein anderes Wort für *Durchgang*.

Bei den meisten Geburten kommt das Kind mit dem Kopf zuerst aus der Vagina. Das Fruchtwasser in Mund und Nase des Kindes wird sorgfältig entfernt, damit das Kind mühelos selbst atmen kann. Dann schiebt sich der restliche Körper des Babys aus der Vagina heraus. Normalerweise nehmen Arzt, Hebamme oder Vater das Neugeborene sanft in

Empfang. Diese Geburt bezeichnet man als *Vaginalgeburt*.

Von einer *Zangengeburt* spricht man, wenn man die Kinder mittels einer speziellen Zange vorsichtig aus dem Geburtsgang zieht. Bei einer *Steißgeburt* kommt das Kind nicht mit dem Kopf, sondern mit den Füßen zuerst zur Welt.

Kinder, die zu groß sind, um sicher durch die Vagina zu gelangen, oder eine komplizierte Lage haben, werden mithilfe eines *Kaiserschnitts* geboren. Hier macht der Arzt einen Schnitt durch die Bauchdecke der Mutter bis in die Gebärmutter, nachdem dieser Bereich mit einem Anästhetikum betäubt und unempfindlich gemacht wurde. Dann wird das Kind mit der Plazenta herausgeholt. Anschließend schneidet der Arzt die Nabelschnur durch und vernäht die Wunde. Der Schnitt verheilt nach ein paar Wochen völlig. Diese Art der Geburt

WAS FÜR EINE REISE! *Die Geburt*

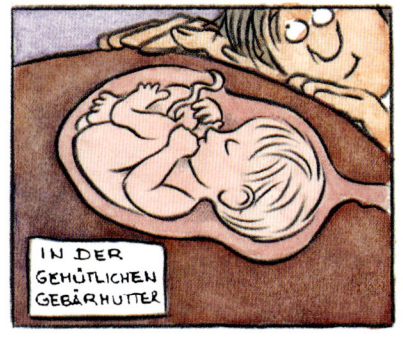 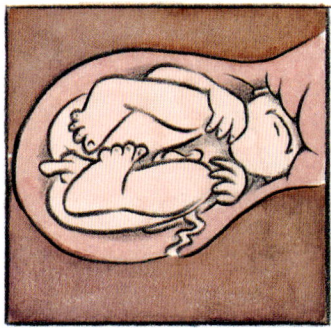 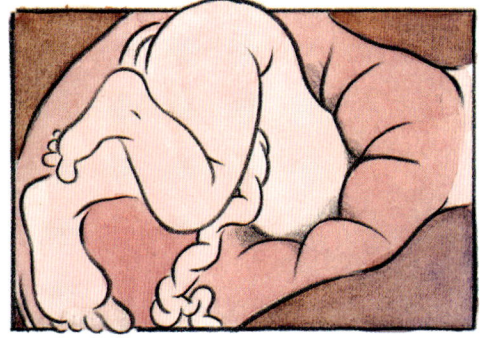

Wenn der Zeitpunkt der Geburt naht, presst und drückt die Muskulatur der

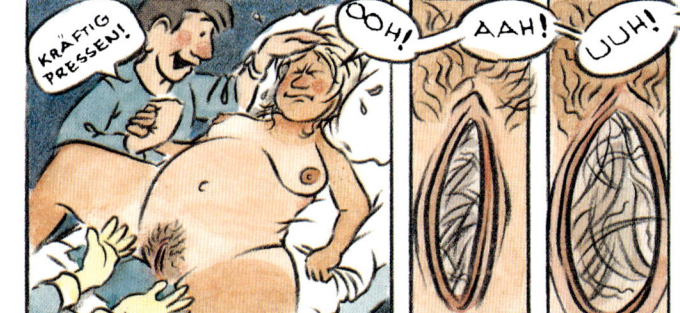  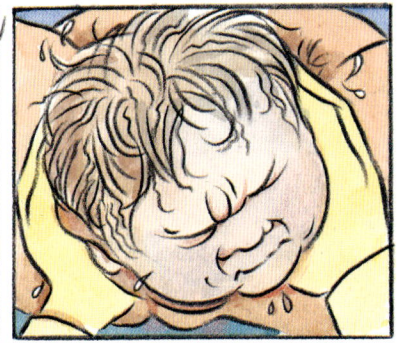

Gebärmutter das Kind heraus in die Vagina. Diese dehnt sich weit und …

raus rutscht ein kleiner Mensch. Er ist noch mit der Mutter durch die

Nabelschnur verbunden, die nun durchtrennt wird. Und sogleich wird das neue Kind liebevoll empfangen und in den Arm genommen.

ist ebenfalls eine Möglichkeit, gesund auf die Welt zu kommen. Man führt den Begriff »Kaiserschnitt« auf Julius Caesar zurück, den großen römischen Kaiser, General und Politiker, der um das Jahr 100 v. Chr. – also vor mehr als 2000 Jahren – angeblich auf diese Weise geboren wurde.

Egal, wie ein Kind auf die Welt kommt: Direkt nach der Geburt macht es seinen ersten Atemzug und stößt den ersten Schrei aus. Dies ermöglicht es den Lungen, sich zu öffnen und selbstständig zu arbeiten. Der Moment der Geburt ist wahnsinnig spannend!

Auch wenn das Kind noch immer durch die Nabelschnur mit der Plazenta verbunden ist, braucht es sie nun nicht mehr. Arzt oder Hebamme befestigen eine Klammer an der Nabelschnur des Kindes und trennen diese einen halben Zentimeter über dem Nabel des Kindes ab. Da es in der Nabelschnur keine Nervenenden gibt, spüren weder Mutter noch Kind diesen Schnitt. Nach ein paar Tagen vertrocknet das Stück Nabelschnur und löst sich schmerzlos ab. Die Stelle, an der die Nabelschnur befestigt war, wird dann Bauchnabel genannt.

Nachdem die Nabelschnur durchtrennt worden ist, ziehen sich die Muskeln der Gebärmutter noch ein paarmal zusammen und stoßen Plazenta und Fruchtblase aus. Da beide den Körper der Mutter nach der Geburt des Kindes verlassen, bezeichnet man sie als Nachgeburt.

So bald wie möglich wird das Neugeborene sanft abgetrocknet, in ein Tuch gewickelt und der Mutter oder dem Vater in die Arme gelegt. Wenn Eltern ihr Neugeborenes das erste Mal im Arm halten, die Haut des Kindes an ihrer Haut spüren, und fühlen, wie das Kind atmet, sind sie meist von einem ganz neuen Gefühl der Zuwendung erfüllt. Diese Liebe und Zuneigung, die Eltern ihrem Kind entgegenbringen, empfinden sie oft unmittelbar nach dessen Geburt.

Ein Neugeborenes wird normalerweise sofort gewogen und gemessen und bekommt Augentropfen eingeträufelt, um eine Augeninfektion zu verhindern.

Die Geburt eines Kindes ist ein faszinierendes Ereignis. Bei der Geburt kann ein Baby bereits sehen, hören, weinen, saugen, greifen, fühlen und riechen, und

es kann Nahrung aufnehmen, indem es an der Brust der Mutter oder an einer Milchflasche saugt. Ein neugeborenes Baby kann erstaunlich viel.

Wenn ein kleiner Junge beschnitten werden soll, das heißt, wenn die Vorhaut seines Penis entfernt werden soll, geschieht dies in der Regel wenige Tage nach der Geburt. Die Beschneidung dauert nur ein paar Minuten.

Manche Beschneidungen werden aus religiösen Gründen vorgenommen. Jungen, die in jüdischen bzw. islamischen Familien geboren werden, werden von eigens dafür ausgebildeten Männern

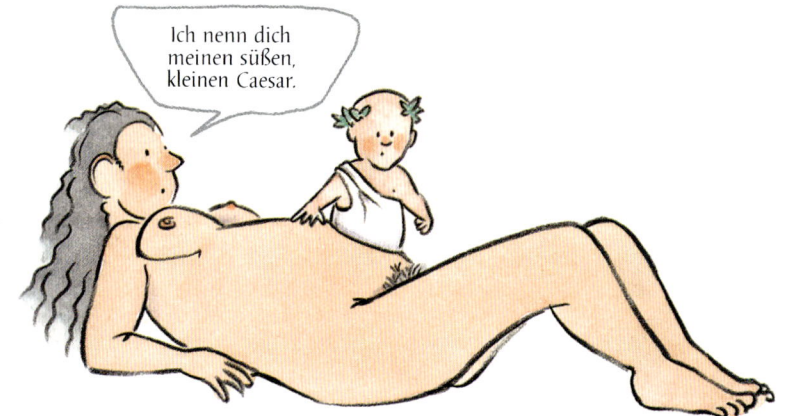

im Rahmen einer religiösen Feier beschnitten.

Beschneidungen werden aber auch vom Arzt aus gesundheitlichen Gründen vorgenommen, z. B., um es einem Jungen etwas zu erleichtern, die Penisspitze mit Wasser und Seife zu waschen und so vor Infektionen zu schützen. Der unbeschnittene Penis von männlichen Babys und kleinen Jungen lässt sich ebenfalls sauber halten, indem man ihn einfach mit Wasser und Seife reinigt.

Wenn Jungen mit unbeschnittenem Penis älter werden, löst sich die Vorhaut von der Penisspitze. Ältere Jungen können dann ihren unbeschnittenen Penis sauber halten, indem sie vorsichtig die Vorhaut zurückziehen und die Penisspitze beim Duschen oder Baden mit Seife und Wasser reinigen.

Einige Eltern möchten, dass ihr Sohn dem Vater ähnelt, und manchmal entscheiden sie sich deshalb dafür, ihren Sohn im Säuglingsalter beschneiden zu lassen.

Babys werden auf verschiedene Art und Weise geboren. Manche Kinder werden zu früh geboren, noch bevor sie volle neun Monate in der Gebärmutter verbracht haben. Ein Kind, das zu früh geboren wird, bezeichnet man als Frühgeburt oder »Frühchen«.

Ein Kind, das nur zwei oder drei Wochen zu früh geboren wird, ist groß genug, um einen gesunden Start ins Leben zu haben, und kann normalerweise nach ein oder zwei Tagen im Krankenhaus von seinen Eltern mit nach Hause

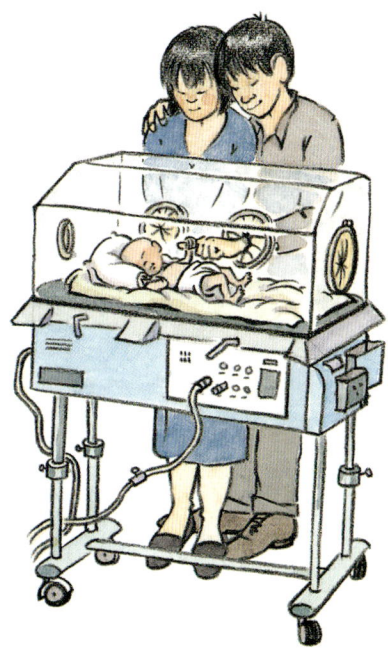

genommen werden. Für ein Kind jedoch, das einen Monat oder mehr zu früh geboren wird, kann das Leben außerhalb der Gebärmutter schwierig sein. Manchmal sind seine Lungen noch nicht voll entwickelt, was ihm das Atmen erschwert. Oder es ist noch nicht in der Lage, mühelos zu saugen oder zu schlucken, was die Nahrungsaufnahme schwierig macht. Es kann aber auch sein, dass das Kind Schwierigkeiten hat, die normale Körpertemperatur zu halten.

Kinder, die einen Monat oder mehr zu früh auf die Welt kommen, müssen normalerweise im Krankenhaus bleiben, bis sie kräftig genug sind. Im Krankenhaus wird das Kind in einem speziell ausgestatteten Behälter, dem *Brutkasten*, mit Sauerstoff versorgt und warm gehalten.

Ärzte und Kinderkrankenschwestern versorgen es während dieser Zeit im Brutkasten.

Ist das Baby dann groß genug und annähernd so kräftig wie ein Kind, das die vollen neun Monate in der Gebärmutter herangewachsen ist, nimmt es Nahrung zu sich und hält seine Körperwärme, können die Eltern es mit nach Hause nehmen.

Kapitel 22
So geht es auch
Andere Möglichkeiten, zu Kindern und einer Familie zu kommen

Manche Menschen wünschen sich ein Kind, bekommen aber keins, da sich bei ihnen Eizelle und Spermien nicht vereinigen können. Für sie gibt es zum Glück auch ohne Geschlechtsverkehr Möglichkeiten, ein Kind zu bekommen.

Es gibt verschiedene Gründe, warum sich Eizelle und Sperma nicht miteinander vereinigen können. Möglicherweise sind die Eierstöcke nicht in der Lage, jeden Monat eine Eizelle freizusetzen, vielleicht kann die Eizelle den Eileiter nicht passieren. Manchmal gelangen auch zu wenig Spermien zur Eizelle bzw. die Spermien des Mannes sind zu schwach, um zur Eizelle zu wandern.

Mithilfe eines Arztes kann auch in solchen Fällen das Ei mit einem Spermium befruchtet werden und die Schwangerschaft kann beginnen.

Ein Ei kann von einem Mediziner aus einem der Eierstöcke entnommen werden. Die Eizelle wird in ein kleines Glasschälchen gegeben, das mit einer speziellen Flüssigkeit und Sperma gefüllt ist. Nach der Befruchtung durch ein Spermium aus dem Schälchen wird die Eizelle in die Gebärmutter gesetzt. Man nennt dies In-vitro-Fertilisation, weil die Befruchtung (Fertilisation) in einem Glasbehälter stattfindet. *In vitro* bedeutet auf Latein *in einem Glas*.

Wenn die Eizellen einer Frau nicht befruchtet werden können, kann die Eizelle einer anderen Frau mit Spermien befruchtet werden und die befruchtete Eizelle der ersten Frau eingesetzt werden. Diese Eizellspende ist in manchen Ländern erlaubt, in Deutschland ist sie verboten.

Sind nicht genügend Spermien vorhanden oder sind sie nicht schwimmfähig, kann ein Arzt die ejakulierten Spermien eines Mannes mittels einer Spritze in die Vagina bzw. die Gebärmutter injizieren. Einmal in der Gebärmutter, müssen die Spermien nur noch eine kurze Strecke zur Eizelle zurücklegen und haben bessere Chancen, sich im Eileiter mit einer Eizelle zu vereinigen.

Diesen Vorgang bezeichnet man als künstliche Befruchtung, auch wenn dabei weder Ei- noch Samenzelle oder die Art der Vereinigung künstlich sind.

Es kann passieren, dass ein Mann sehr krank wird und dann Medikamente einnehmen oder eine Behandlung bekommen muss, die dazu führt, dass er nur noch wenige oder keine Spermien

mehr produzieren kann. Bevor ein Mann eine solche Therapie macht, kann er seine ejakulierten Spermien in einer Samenbank einlagern. Dabei handelt es sich um ein medizinisches Labor, in dem die Spermien eingefroren werden und für zehn bis 15 Jahre aufbewahrt werden können. Später können die Spermien dann zur künstlichen Befruchtung genutzt werden. Auch manche gesunden Männer spenden Samen an eine Samenbank, damit später eine Frau damit schwanger werden kann.

Manchmal kommt es vor, dass eine Frau sehr krank wird. Dann kann ein Arzt ihre Eizellen entnehmen, bevor sie Medikamente bekommt. Die Eizellen werden eingefroren und aufbewahrt, und wenn die Frau es möchte, können sie später für eine In-vitro-Fertilisation genutzt werden. Wenn eine gesunde Frau erst in höherem Alter ein Kind bekommen möchte, kann auch sie ihre Eizellen einfrieren lassen und sie sich später einsetzen lassen, falls sie sich für eine künstliche Befruchtung entscheidet.

Manche Frauen, die keine Kinder bekommen können, wählen vielleicht eine Leihmutterschaft. Bei einer Form der Leihmutterschaft entnimmt ein Arzt eine Eizelle aus der Gebärmutter der Frau und gibt sie zusammen mit den Spermien eines Mannes – das kann der Partner der Frau oder auch ein anderer Mann sein – in eine kleine Petrischale im Labor. Dort kann ein Spermium die Eizelle der Frau befruchten, sodass sich ein Embryo entwickelt. Dieser Embryo wird dann in die Gebärmutter einer anderen Frau eingesetzt, wo er zu einem Baby heranwächst. Diese andere Frau nennt man Leihmutter. Bei einer anderen Variante der Leihmutterschaft stammt die Eizelle, mit der sich das Spermium des Spenders vereinigt, von der Leihmutter.

Jegliche Form der Leihmutterschaft ist in Deutschland verboten; innerhalb der Europäischen Union ist die Rechtslage jedoch von Land zu Land verschieden. Einige Mitgliedsstaaten erlauben eine Leihmutterschaft unter jeweils spezifischen Auflagen.

Es gibt auch Paare, die kein Kind bekommen können, weder durch Geschlechtsverkehr noch durch In-vitro-Fertilisation oder andere Methoden künstlicher Befruchtung. Jedoch haben auch sie die Möglichkeit, eine Familie zu gründen, indem sie ein Kind adoptieren.

Adoption bedeutet, dass eine Familie ein Kind zu sich nimmt und es wie ein eigenes Kind aufzieht. Ein adoptiertes Kind wird Mitglied seiner neuen Familie.

Viele Leute entscheiden sich, ein Kind zu adoptieren, weil sie nicht in der Lage sind, selbst Kinder zu bekommen. Aber auch Menschen, die selbst Kinder haben oder bekommen könnten, entscheiden sich manchmal für eine Adoption. Alle brauchen, um ein Kind adoptieren zu können, eine Genehmigung des Jugendamtes.

Adoptiert wird ein Kind, wenn

die eigene Familie oder auch nur ein Elternteil, aus welchen Gründen auch immer, nicht in der Lage ist, für das Neugeborene zu sorgen, und sich deshalb entscheidet, das Kind zur Adoption freizugeben.

Adoption ist eine gesetzliche Maßnahme: Entweder ein Elternteil oder beide Eltern des Kindes müssen deshalb ein Dokument im Beisein eines Notars oder Richters unterzeichnen und erklären, dass sie ihr Kind für immer anderen Eltern überlassen, die in der Lage sind, für das Kind zu sorgen, und den Wunsch verspüren, es aufzunehmen.

Auch die Adoptivmutter, der Adoptivvater oder die Adoptiveltern müssen die Adoptionsurkunde im Beisein eines Notars oder Richters unterzeichnen, um ihr Einverständnis zu dokumentieren, das Kind wie ein eigenes aufzuziehen.

Es gibt viele verschiedene Wege, ein Kind zu bekommen und eine Familie zu gründen. Eines ist aber immer gleich: Für ein Kind zu sorgen und es zu lieben kann eine wunderbare und aufregende Erfahrung sein.

Teil 5
Entscheidungen

Kapitel 23
Im Voraus planen
Verschieben, sich enthalten und verhüten

Jeder hat das Recht, zu entscheiden, ob er oder sie Geschlechtsverkehr haben möchte oder nicht. Aber man sollte sich immer vor Augen halten, dass Geschlechtsverkehr zu einer Schwangerschaft und zu einem Kind führen kann.

Viele junge Leute entscheiden sich, mit dem Geschlechtsverkehr zu warten, bis sie sich alt genug und verantwortungsbewusst genug fühlen, um vernünftige Entscheidungen in puncto Sex zu treffen. Sie verschieben es auf einen späteren Zeitpunkt. Der einzig sichere Weg, nicht schwanger zu werden, ist, auf Geschlechtsverkehr zu verzichten. Das nennt man Enthaltsamkeit. Enthaltsamkeit (Abstinenz) bedeutet, auf etwas zu verzichten, was man gerne tun möchte. Verschieben und sich enthalten kann auch bedeuten, sich vor Infektionen zu schützen, die durch sexuellen Kontakt übertragen werden. Diese Infektionen nennt man Geschlechtskrankheiten.

Viele Leute, die sich für Verschieben oder gar Enthaltsamkeit entscheiden, haben dennoch eine liebevolle und erotische Beziehung.

Manche Paare hoffen auf eine Schwangerschaft, wenn sie miteinander schlafen, andere Leute wiederum möchten damit gerne noch warten, und wieder andere wollen überhaupt keine Kinder. Aus diesem Grund sollte man wissen, wie man eine Schwangerschaft verhütet.

Familienplanung, Geburtenkontrolle und Verhütung sind Begriffe, mit denen die Schwangerschaftsverhütung bezeichnet wird. Es gibt viele Verhütungsmethoden, und einige funktionieren besser als andere. Man sollte sich über die verschiedenen Möglichkeiten informieren und lernen, mit den Verhütungsmitteln umzugehen. Wichtig ist, sie regelmäßig, bei jedem Geschlechtsverkehr, zu benutzen. Aber keine Empfängnisverhütung ist hundertprozentig sicher.

Wenn man sich dazu entschließt, Geschlechtsverkehr zu haben, besteht der sicherste Schutz vor einer Schwangerschaft darin, vor oder während des Geschlechtsverkehrs die gewählte Verhütungsmethode sorgsam anzuwenden. Man muss wissen und sich bewusst sein, dass alle Verhütungsmethoden helfen können, eine Schwangerschaft zu verhindern, und dass sie in den meisten Fällen wirksam sind. Aber nicht jede Verhütungsmethode bietet einen Schutz vor der Ansteckung mit oder der Übertragung von Geschlechtskrankheiten. Deshalb sollten Paare unbedingt zusätzlich ein Kondom verwenden. Außerdem sollte man daran denken, dass der beste Schutz vor einer Schwangerschaft und der Übertragung von Geschlechtskrankheiten darin besteht, ein Kondom und zusätzlich ein weiteres Verhütungsmittel einzusetzen.

Über die meisten Verhütungsmittel kann man sich bei einer der »Pro-Familia«-Beratungsstellen oder einer Frauenärztin bzw. einem Frauenarzt informieren. Solche Gespräche sind garantiert vertraulich. Kondome kann man in der Apotheke oder Drogerie erhalten. Dort sind sie oft in einer speziellen Abteilung ausgestellt und man bekommt sie ohne Rezept. Kondome kann man auch im Internet kaufen.

Ein Kondom, auch Präservativ genannt, ist eine weiche, ganz dünne Gummihaut, die über den erigierten Penis passt. Wenn ein Mann ejakuliert, wird die Samenflüssigkeit im Kondom aufgefangen und gelangt somit nicht in Kontakt mit einer Eizelle, um sich mit ihr zu vereinigen. Das Kondom muss aus der Scheide

gezogen werden, bevor der Penis erschlafft, sonst kann Samenflüssigkeit auslaufen.

Kondome werden auch als »Pariser« oder »Gummis« bezeichnet, da sie normalerweise aus einem gummiartigen Material, Latex, hergestellt sind. Es gibt auch Kondome aus Polyurethan, einem ebenfalls dünnen, gummiartigen Material, oder aus Polyiso-

pren. Es ist wichtig, Kondome aus Latex, Polyurethan oder Polyisopren zu verwenden, da diese nicht so leicht reißen oder auslaufen können wie andere Fabrikate.

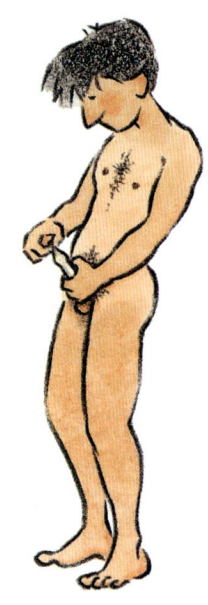

Das sogenannte Frauenkondom, das in die Vagina passt, besteht häufig aus dem gummiähnlichen Material Nitril. Dieses weiche Kondom, das wie ein kleines Säckchen aussieht, wird vor dem Geschlechtsverkehr in die Vagina eingeführt.

Die richtige Verwendung von Kondomen bei jedem Geschlechtsverkehr verhindert auch die Ausbreitung von Infektionskrankheiten – sowohl von harmlosen als auch von lebensgefährlichen wie HIV oder Hepatitis B – und ist somit Teil von »Safer Sex«.

Die häufigste Krankheit, die

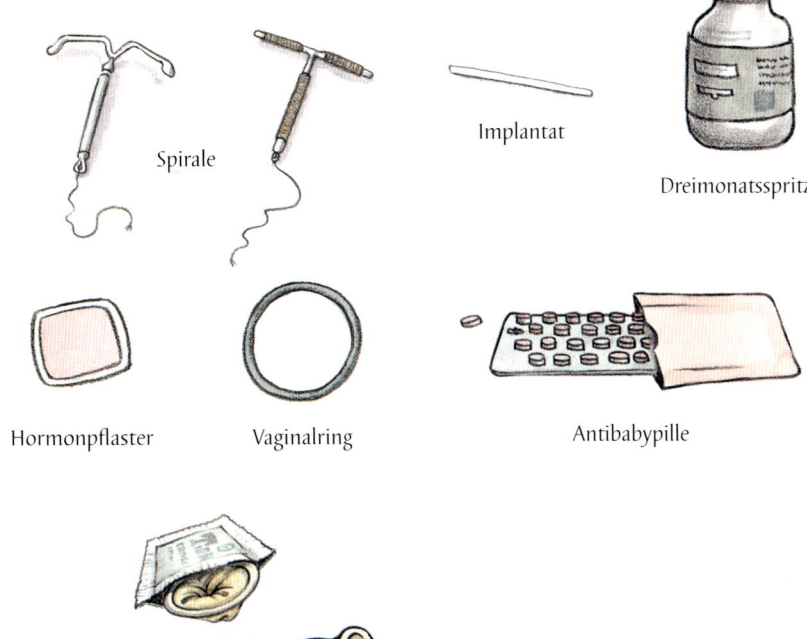

Spirale

Implantat

Dreimonatsspritze

Hormonpflaster

Vaginalring

Antibabypille

Kondom

Kondom für die Frau

beim Geschlechtsverkehr übertragen wird, ist die Chlamydien-Infektion. Obwohl Chlamydien nicht lebensbedrohlich sind, können sie zur Unfruchtbarkeit führen, sodass eine Frau nach der Erkrankung nicht mehr schwanger werden und ein Kind zur Welt bringen kann. Es ist wichtig, zu wissen, dass nur ein richtig benutztes Kondom – kein anderes Verhütungsmittel – eine Infektionsübertragung verhindern kann.

Außerdem ist es wichtig, dass man Kondome mit Gleitmitteln auf Silikon- oder Wasserbasis verwendet, die speziell für den Geschlechtsverkehr produziert werden, und *nicht* solche mit ölhaltigen Substanzen. Öle können ein Latexkondom beschädigen und reißen lassen.

Das Intra-Uterin-Pessar (die Spirale), das Implantat und die Dreimonatsspritze gelten als sicherste Verhütungsmethoden. Die Pille, das Verhütungspflaster und der Vaginalring sind beinahe ebenso sicher. Auch andere Verhütungsmethoden können effektiv sein, gehen aber mit einem höheren Risiko einher.

Antibabypillen, das Implantat, das Diaphragma, die Portiokappe, das Intra-Uterin-Pessar (die Spirale), der Verhütungsring und die Dreimonatsspritze sind Verhütungsmittel, die ein Mädchen oder eine Frau sich vom Arzt oder der Ärztin verordnen lassen muss. Diese Verhütungsmittel sind rezeptpflichtig und nur in der Apotheke vor Ort oder online erhältlich.

Ein Intra-Uterin-Pessar (Spirale) besteht aus Kunststoff und Kupfer und wird vom Arzt in die Gebärmutter eingesetzt und hindert Spermien daran, sich mit einer Eizelle zu vereinigen.

Das Implantat und die Dreimonatsspritze sind Methoden der Empfängnisverhütung, die durch künstliche Hormone die Eierstöcke davon abhalten, Eizellen freizusetzen. Das Implantat ist ein dünnes Röhrchen, das der Arzt unter die Haut am Oberarm einer Frau schiebt und das dort bis zu drei Jahre lang die Abgabe von Eizellen unterdrückt und gleichzeitig Spermien daran hindert, in die Gebärmutter zu gelangen. Die Dreimonatsspritze wird der Frau alle drei Monate in den Oberarm oder den Gesäßmuskel injiziert.

Die Antibabypille, auch als »die Pille« bezeichnet, enthält künstliche Hormone, die verhindern, dass die Eierstöcke Eizellen freisetzen. Die Frau oder das Mädchen muss jeden Tag eine davon einnehmen. Wenn die Pille regelmäßig eingenommen wird, gehört sie zu den sehr sicheren Verhütungsmethoden.

Der Vaginalring und das Hormonpflaster setzen ebenfalls

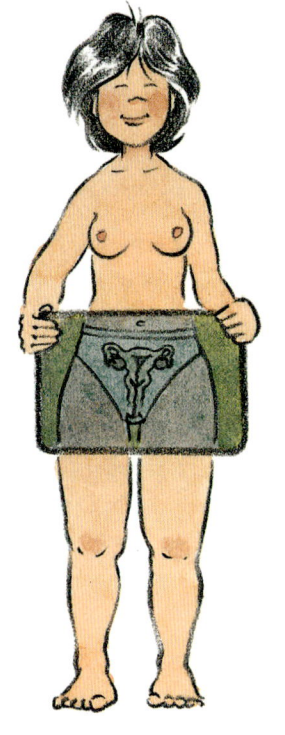

künstliche Hormone frei, die den Eisprung verhindern. Das Hormonpflaster ist ein dünnes Kunststoffpflaster, das auf der Haut klebt. Es wird von der Frau auf den Oberarm, den Bauch, das Gesäß oder den Oberkörper (nicht auf die Brüste) geklebt. Drei Wochen lang wird jede Woche ein neues Pflaster verwendet. In der vierten Woche während der Menstruation wird kein Pflaster benutzt. Danach wird wieder im gleichen Rhythmus drei Wochen lang ein Pflaster pro Woche aufgeklebt.

Der Vaginalring ist ein kleiner, weicher und flexibler Kunststoffring, den die Frau in ihre Vagina einführt. Dort bleibt er drei Wochen lang und wird dann für eine Woche entfernt, damit die Menstruation stattfinden kann. Danach führt die Frau einen neuen Ring ein.

Das Diaphragma und die Portiokappe sind kleine Latexschälchen, die vor dem Geschlechtsverkehr vor den Muttermund geschoben werden. Beide hindern Spermien daran, in die Gebärmutter zu gelangen, und sollten immer zusammen mit einem Spermizid benutzt werden.

Die chemischen Stoffe in Spermiziden in Form von Schaumzäpfchen, Cremes und Gels können Samen abtöten. Schaumzäpfchen, die Spermizide enthalten, können zudem Spermien daran hindern,

Wo sie hingehören

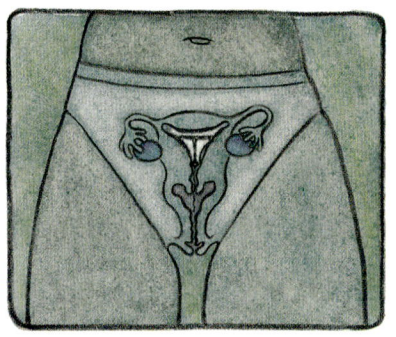
Spirale

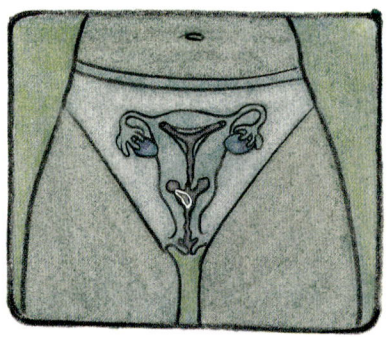
Vaginalring

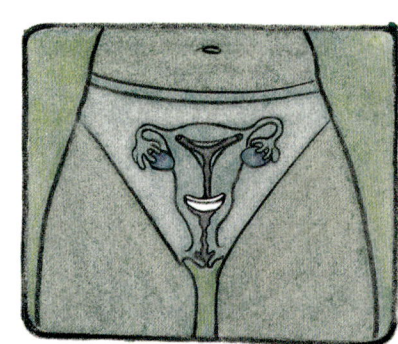
Diaphragma

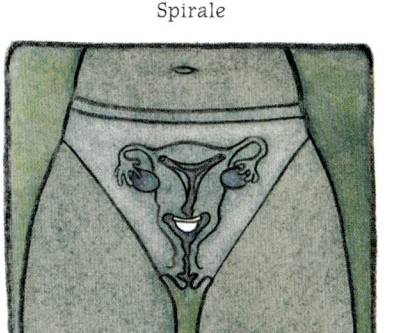
Portiokappe

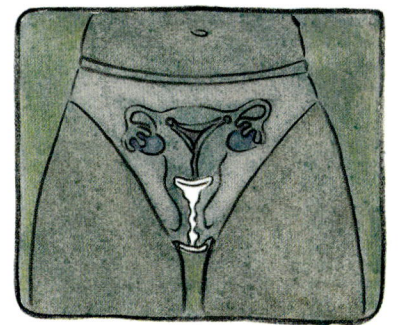
Kondom für die Frau

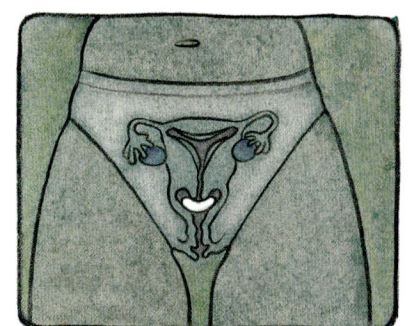
Schwämmchen

mit einer Eizelle zu verschmelzen. Spermizide werden vor dem Geschlechtsverkehr in die Vagina eingeführt. Allerdings ist die alleinige Anwendung von Spermiziden sehr unsicher. Außerdem besteht kein Schutz vor Infektionen.

Bei häufigem Geschlechtsverkehr oder bei Analsex sollten keine Spermizide verwendet werden. Die häufige Anwendung kann zu Hautirritationen führen, die das Infektionsrisiko erhöhen. Spermizide und Schaumzäpfchen sind in der Apotheke oder Drogerie, aber auch im Supermarkt erhältlich und werden oft in einer separaten Abteilung angeboten. Sie sind nicht verschreibungspflichtig und können auch im Internet erworben werden.

Bei einem Notfall, zum Beispiel, wenn eine Frau vergewaltigt worden ist, gibt es »die Pille danach«, um eine Schwangerschaft nachträglich zu verhindern. Auf sie kann man auch zurückgreifen, wenn das Kondom gerissen oder nicht korrekt verwendet worden ist, wenn das Verhütungspflaster sich gelöst oder wenn eine Frau aus irgendeinem anderen Grund ungeschützten Geschlechtsverkehr gehabt hat. Allerdings darf die Pille danach darf nicht regelmäßig zur Empfängnisverhütung benutzt werden. Es gibt andere und effektivere Methoden der Empfängnisverhütung.

Die Pille danach enthält Hormone, die den Eisprung verzögern oder verhindern, dass sich eine möglicherweise befruchtete Eizelle in der Gebärmutter einnistet. Einige Varianten müssen innerhalb von 72 Stunden bzw. drei Tagen nach dem Geschlechtsverkehr eingenommen werden, andere innerhalb von 120 Stunden, also fünf Tagen. Und je früher nach dem ungeschützten Geschlechtsverkehr sie eingenommen werden, desto effektiver sind sie.

Einige Varianten der Pille danach kann man unabhängig von Alter und Geschlecht ohne Rezept in der Apotheke kaufen. Andere erhält man nur, wenn sie von einem Arzt verschrieben werden. Ein Intra-Uterin-Pessar (Spirale) – innerhalb von fünf Tagen nach dem Geschlechtsverkehr von einem Arzt in die Gebärmutter eingesetzt – kann ebenfalls ein befruchtetes Ei daran hindern, sich dort einzunisten. Man spricht dann von der »Spirale danach«.

Einige Formen der Empfängnisverhütung, wie die sogenannte »natürliche« Empfängnisverhütung und der unterbrochene Geschlechtsverkehr (Coitus interruptus) – auch als »Rückzieher-Methode« bezeichnet –, verhindern nicht zuverlässig eine Schwangerschaft und schützen auch nicht vor Geschlechtskrankheiten.

Wenn ein Paar sich für die natürliche Empfängnisverhütung entscheidet, muss es herausfinden, wann die Eierstöcke der Frau eine Eizelle freisetzen, und verzichtet während dieser Zeit auf Geschlechtsverkehr. Allerdings ist es sehr schwierig, genau festzustellen, wann eine Eizelle freigesetzt wird, denn dieser Zeitpunkt schwankt von Monat zu Monat – besonders bei jungen Mädchen und Frauen.

Entscheidet sich ein Paar für das Abbrechen des Geschlechtsverkehrs, zieht der Junge oder der Mann seinen Penis kurz vor der Ejakulation aus der Vagina heraus. Diese Methode ist sehr riskant, denn oft tritt bereits vor der Ejakulation etwas Samenflüssigkeit aus oder es gelingt dem Mann nicht, seinen Penis rechtzeitig vor der Ejakulation aus der Vagina zurückzuziehen.

Ist man als Frau oder Mann sicher, keine Kinder mehr haben zu wollen, entscheidet man sich manchmal für eine einfache Operation, die man als Sterilisation bezeichnet. Wenn sich ein Mann dieser Operation (Vasektomie) unterzieht, wird entweder ein kleines Stück der Samenleiter entfernt oder diese werden vom Arzt

Schaum und Gel. Die meinen nicht zufällig Erdbeergelee und Badeschaum?

Quatsch! Das hat nichts mit Baden und Essen zu tun. Echt nicht!

durchtrennt und abgebunden. Das bewirkt, dass die ejakulierte Samenflüssigkeit keine Spermien mehr enthält.

Unterzieht sich eine Frau dieser Operation – hier Sterilisation genannt –, werden die Eileiter verschlossen oder durchtrennt. Dies verhindert, dass Eizellen in die Gebärmutter gelangen und befruchtet werden.

Bestimmte Religionsgemeinschaften sind gegen jede Form der Empfängnisverhütung. Andere akzeptieren lediglich die sogenannte »natürliche« Empfängnisverhütung und den unterbrochenen Geschlechtsverkehr, nicht aber die Anwendung von rezeptfreien und rezeptpflichtigen Verhütungsmitteln. Wieder andere sind überzeugt, dass Empfängnisverhütung eine wirksame und verantwortungsbewusste Methode ist, eine Schwangerschaft zu verhindern oder auf einen späteren Zeitpunkt zu verschieben. Sie praktizieren Empfängnisverhütung, um ihr Leben besser zu planen.

Eltern oder Ärzte sind gute Gesprächspartner, um über all diese Dinge zu reden. Aber auch

Familienberatungsstellen, wie beispielsweise »Pro Familia« oder spezielle Einrichtungen für junge Leute, bieten gute Informationsmöglichkeiten an.

Kapitel 24
Gesetze und Regelungen
Der Schwangerschaftsabbruch

Ein Schwangerschaftsabbruch ist ein medizinischer Eingriff mit dem Ziel, eine Schwangerschaft zu beenden. Diese Möglichkeit wird von einigen schwangeren Frauen genutzt. Zum Thema Schwangerschaftsabbruch gibt es die unterschiedlichsten Haltungen.

Hab schon davon gehört.

Ich weiß nur, alle Welt redet davon – im Fernsehen, im Radio und im Internet.

Frauen, die sich zu diesem Schritt entschließen, können ein Gefühl der Erleichterung, aber auch Trauer empfinden. Sie machen sich die Entscheidung nicht leicht und haben oft auch Angst vor einem solchen Eingriff.

Ein Abbruch kann in Kliniken, in medizinischen Einrichtungen von Pro Familia, in entsprechend ausgestatteten Arztpraxen und in Krankenhäusern vorgenommen werden. Die meisten Schwangerschaftsabbrüche werden innerhalb von 12 Wochen nach der Befruchtung durchgeführt. Seit Ende 1999 kann eine Frau wählen zwischen einer instrumentellen und medikamentösen Methode. Bei der instrumentellen Methode werden die Gebärmutterschleimhaut und der Embryo abgesaugt. Der Eingriff dauert fünf bis zehn Minuten.

Bei der medikamentösen Methode werden zwei unterschiedliche Medikamente gegeben. Das erste Medikament blockiert das Schwangerschaftshormon und unterbricht damit die Schwangerschaft. Das zweite Medikament fördert die Ausstoßung des Schwangerschaftsgewebes.

Es gibt viele Gründe, weshalb sich eine Frau oder ein Paar dafür entscheidet, eine Schwangerschaft zu beenden:
- Die Frau ist krank oder leidet an einer Erbkrankheit, sodass eine Schwangerschaft sehr riskant und lebensbedrohlich werden kann.
- Die Mutter oder der Vater ist krank und kann sich nicht um das Kind kümmern.
- Die Eltern haben nicht genug Geld oder zu wenig Zeit, um angemessen für das Kind sorgen zu können, oder sie haben bereits Kinder und können sich keine weiteren leisten.
- Die Eltern fühlen sich zu jung und außerstande, sich verantwortungsvoll um das Kind kümmern zu können.
- Die Frau fühlt sich noch nicht zu einer Schwangerschaft bereit.
- Die Frau wurde gegen ihren Willen zum Geschlechtsverkehr gezwungen, also vergewaltigt, und wurde dabei schwanger.
- Die Frau ist alleinstehend und fühlt sich nicht in der Lage, ein Kind alleine großzuziehen.
- Die Frau wollte nicht schwanger werden.

Die Meinungen der Leute gehen darüber auseinander, ob eine Frau das Recht hat, selbst über einen Abbruch zu entscheiden. In einigen Ländern gehört das Recht auf Schwangerschaftsabbruch zu den Grundrechten von Mädchen und Frauen. In anderen Ländern ist ein Abbruch zwar üblich, aber gesetzlich nicht abgesichert. Und in wieder anderen Ländern sind Abbrüche entweder gesetzlich eingeschränkt oder unter Strafandrohung untersagt.

Ein Schwangerschaftsabbruch ist in Deutschland nach dem

Urteil des Bundesverfassungsgerichts vom 29. Juni 1995 unter folgenden Voraussetzungen möglich:

Abbruch ohne Indikationsfeststellung
- Die schwangere Frau muss sich der gesetzlich vorgeschriebenen Beratung unterziehen.
- Die Beratung muss durch eine anerkannte Beratungsstelle erfolgen.
- Der Eingriff darf frühestens am vierten Tag nach der Beratung durchgeführt werden.
- Er darf nur von einer Ärztin oder einem Arzt bis zum Ende der zwölften Woche nach der Empfängnis durchgeführt werden.

Unter diesen Voraussetzungen bleibt der Abbruch straffrei. Liegen besondere Gründe vor, so kann der Abbruch nicht nur straffrei, sondern auch im gesetzlichen Sinn gerechtfertigt sein.

Das Gesetz sieht folgende Indikationsregelungen vor:

Abbruch mit Indikationsfeststellung

1. »Medizinische Indikation«: Die Fortsetzung der Schwangerschaft würde eine schwerwiegende Gefahr für die körperliche oder seelische Gesundheit der Frau bedeuten. Dann muss sich die Schwangere nicht beraten lassen. In diesem speziellen Fall gibt es auch keine Frist, bis wann der Abbruch durchgeführt werden muss.

2. »Embryopathische Indikation«: Aus ärztlicher Sicht wäre mit einer erheblichen gesundheitlichen Schädigung des Kindes zu rechnen. In diesem Fall muss die schwangere Frau sich vor dem Eingriff beraten lassen. Der Abbruch darf nur bis zum Ende der 22. Woche nach der Empfängnis vorgenommen werden.

3. »Kriminologische Indikation«: Die Frau ist durch eine Straftat, z. B. eine Vergewaltigung, schwanger geworden. Bei der kriminologischen Indikation muss sich die Frau nicht beraten lassen. Der Abbruch darf nur bis zum Ende der zwölften Woche durchgeführt werden.

Beratung
Die Beratung, so das Verfassungsgericht, muss »ergebnisoffen« sein. Das heißt: Die Frau trifft die Entscheidung selbst. Sie soll nicht belehrt und bevormundet, sondern ermutigt werden.

Die Befürworter der Abbruchregelung sind der Meinung, dass jede Frau das Recht hat, die Schwangerschaft abzubrechen und selbst darüber zu entscheiden, ob sie den Fötus austragen will oder nicht. Gegner wiederum sprechen der Frau dieses Recht ab. Sie gehen davon aus, dass Leben bereits mit der Empfängnis beginnt und dass ein Embryo bzw. Fötus das Recht hat, im Bauch der Mutter zu wachsen und geboren zu werden, unabhängig davon, was die Mutter selbst will.

Da sich Gesetze auch ändern können und je nach Land verschieden sind, solltest du deine Eltern oder Lehrer fragen, welche Gesetze zurzeit gültig sind.

Manchmal, während der ersten Monate der Schwangerschaft,

kommt es zu einem ungewollten Abort. Man bezeichnet das als Fehlgeburt. Dabei stirbt der Embryo ab. Die Ursachen liegen in der frühen Schwangerschaft oft darin, dass sich der Embryo nicht normal entwickelt.

Auch wenn man den Grund des Aborts nicht ermitteln kann und es zu einer Fehlgeburt kommt, können diese Frauen durchaus wieder schwanger werden und gesunde Kinder zur Welt bringen. Das Gleiche gilt auch für Frauen, die einen Abbruch hinter sich haben.

Teil 6
Die Gesundheit

Kapitel 25
Hilfreich – Unterhaltsam – Widerlich – Gefährlich
Simsen, chatten, mailen, surfen

Fast alle Kinder besitzen heute ein Handy; damit schreiben sie Nachrichten an Freunde und Verwandte, chatten im Internet, telefonieren, mailen oder nutzen den Video-Chat. Viele Kinder gehen auch über Tablets oder den Computer ins Internet, um dort Kontakte zu pflegen oder sich zu informieren.

Man darf dabei aber nicht vergessen, dass Handys, Tablets oder Computer lediglich Maschinen sind; sie können zwar schnell wichtige Informationen liefern und man kann damit unkompliziert mit anderen Nachrichten schreiben, aber sie können niemals den echten Kontakt mit richtigen Menschen im realen Leben ersetzen. Es ist sogar für jede Beziehung und jede Freundschaft sehr wichtig, sich persönlich zu treffen und Zeit miteinander zu verbringen.

Auch muss man wissen, dass alles, was man in einer Textnachricht, einem Chat oder in sozialen Netzwerken schreibt und postet, für immer im Internet bleibt –

und dort vielleicht nicht nur für die eigenen Freunde zu sehen ist, falls jemand es weiterschickt oder teilt.

Vermutlich wirst du – wie viele andere Jugendliche – Zeit im Internet verbringen. Du weißt also wahrscheinlich schon, dass du dich im Internet gut über Themen informieren kannst, über die du mehr erfahren möchtest, zu denen du Fragen hast oder die dir Sorgen bereiten. Vielleicht spielst du auch Spiele online, siehst dir Videos an, recherchierst für deine Hausaufgaben oder hältst Kontakt zu Freunden. Einige von euch treffen ihre Freunde vielleicht in einem sozialen Netzwerk, schreiben oder chatten dort.

Es kann sehr praktisch sein, sich Informationen im Internet zu beschaffen. Websites, Online-Lexika und Wörterbücher sind ein schneller Weg, etwas herauszufinden. Auch nach einem Wort oder einem Thema im Internet zu suchen, kann dich weiterbringen. Ältere Kinder und Teenager können eine Menge wichtiger Informationen im Internet finden – auch solche über den Körper, die Pubertät, Sex und Gesundheit. Viele, aber nicht alle Webseiten können dabei hilfreich sein – deshalb hier ein paar Tipps:

Wenn du zum Beispiel neugierig bist, Fragen zum Thema Pubertät oder zu HIV und Aids hast, kannst du diese und andere Themen in ein Online-Lexikon oder eine Suchmaschine eingeben.

Wenn du das einzige Mädchen in deiner Klasse bist, das seine Periode noch nicht hat, oder der

einzige Junge, der noch nicht in den Stimmbruch gekommen ist, kannst du so erfahren, dass es vollkommen normal ist, dass du deine Periode noch nicht hast oder der Stimmbruch auf sich warten lässt.

Texte über Sex und Körper im Internet, die speziell für Jugendliche verfasst sind, können dir helfen, gute und richtige Entscheidungen in Bezug auf deine sexuelle Gesundheit zu treffen. Du findest dort zum Beispiel Informationen über die Risiken von ungeschütztem Sex, auf welche Weise du ungewollt schwanger werden oder dich mit einer Geschlechtskrankheit infizieren kannst.

Du kannst im Internet auch herausfinden, ob das, was du von deinen Freunden über Körper und Sex gehört hast, stimmt oder nicht.

Einige Dinge solltest du beachten, wenn du im Internet surfst. Es gibt eine Menge ungeeigneter, merkwürdiger, ekliger, verwirrender, beängstigender oder sogar gefährlicher Seiten, auf die du stoßen kannst, wenn du online nach Informationen suchst. Das kann passieren, wenn du zufällig oder absichtlich auf eine Webseite klickst, auf der etwas steht, das du nicht erwartet hast. Einiges davon kann aufregend für Teenager sein, aber es kann auch sein, dass du es erschreckend, erschütternd, merkwürdig, ekelhaft, beunruhigend oder verwirrend findest. Häufig haben Jugendliche viele dieser Gefühle gleichzeitig und auch das kann dich verwirren oder aufwühlen.

Einige Internetseiten sind nicht so seriös, wie sie vorgeben. Sie sind keine echten Gesundheitsseiten. Sie können Informationen enthalten, die wissenschaftlich oder medizinisch falsch oder nicht mehr aktuell sind.

Falsche oder veraltete Informationen können problematisch oder sogar gefährlich sein. Sie sind nicht verlässlich und helfen dir auch nicht dabei, gesund zu bleiben. Vielleicht verleiten sie dich sogar zu Entscheidungen rund um Sex oder deinen Körper, die für dich oder deine Freunde nicht gut sind. Deshalb solltest du immer einen Erwachsenen fragen, dem du vertraust – deine Eltern, einen Lehrer, einen Lehrerin, eine Bibliothekarin, einen Therapeuten, einen Beratungslehrer, einen Arzt oder eine Ärztin, eine Krankenschwester oder einen Pfarrer bzw. eine Pfarrerin. Nur so kannst du sicher sein, dass die Webseite, die du dir angeschaut hast, korrekte und aktuelle Informationen verbreitet.

Wenn du auf eine Webseite gerätst, bei der dir unwohl ist, denk daran, dass du nichts Falsches getan hast. Es geht so schnell: Du willst auf eine ganz normale, vernünftige Seite surfen und landest irgendwo anders.

Vielleicht gerätst du sogar auf eine Seite, auf der du Bilder oder Videos von nackten Körpern oder sogar Aufnahmen von Menschen beim Geschlechtsverkehr findest, die sexuell erregend wirken sollen. Man nennt solche Fotos oder Videos »Pornos« oder »Pornographie«. Einige Kinder möchten solche Bilder auf gar keinen Fall sehen. Andere sind neugierig und finden sie vielleicht spannend. Es gilt aber in jedem Fall: Pornos sind für Kinder nicht geeignet.

In manchen Fällen kann es sogar riskant und auch strafbar sein, Pornos an andere weiterzuleiten. Das ist nur ein Grund, aus dem es wichtig ist, dass du mit einer Vertrauensperson darüber sprichst, wenn du auf eine Pornoseite geraten bist – ganz egal, wie und warum du dort gelandet bist.

Ganz gleich, ob du zufällig oder bewusst eine derartige oder ähnliche Seite im Internet geöffnet hast – wenn du das, was du dort siehst, als beunruhigend, beängstigend, verstörend, eklig oder merkwürdig empfindest, oder wenn es mehr ist, als du je über den Körper und über Geschlechtsverkehr erfahren wolltest, und wenn du dich damit unwohl fühlst, dann verlass sofort die Seite. Und wende dich direkt an eine Person, die du kennst und der du vertraust. Es kann sehr hilfreich sein, über das, was du gesehen hast, und über deine Gefühle zu reden.

Nicht immer, aber meistens sind die Leute auf den Fotos oder in den Videos Schauspieler, die keine echte und liebevolle Beziehung miteinander führen, in der sie respektvoll miteinander umgehen. Es ist aber sehr wichtig, sich klar zu machen und daran zu denken, dass es in einer Beziehung, in der auch Geschlechtsverkehr eine Rolle spielt, immer besonders wichtig ist, einander mit Respekt, Fürsorge und Liebe zu behandeln.

Solltest du jemals beim Surfen im Internet in eine Situation kommen, in der du dich unwohl fühlst, dann vergiss nicht, dass du Bilder auf einer Webseite nicht anschauen und den Text nicht lesen musst, wenn du nicht möchtest – egal, ob du absichtlich oder zufällig auf dieser Seite gelandet bist.

Wenn du etwas in einer Textnachricht oder E-Mail liest, das dir komisch vorkommt, oder wenn du eine seltsame Chatnachricht bekommst, antworte nicht darauf. Sprich stattdessen mit jemandem, dem du vertraust, über das, was du gelesen oder gesehen hast.

Hier sind einige Regeln, die du im Kopf behalten solltest, wenn du im Internet in sozialen Netzwerken unterwegs bist und dort mit anderen kommunizierst. Diese Regeln zu befolgen kann dir helfen, dich selbst zu schützen:

- Das Wichtigste – jedes Mal, wenn du dein Handy, Tablet oder den Computer benutzt – ist, auch im Internet deine Privatsphäre und diejenige deiner Familie, Freunde und Klassenkameraden zu schützen. Und wenn du deine Privatsphäre-Einstellungen vornimmst, solltest du zusammen mit deinen Eltern oder einem Erwachsenen, dem du vertraust, noch einmal überprüfen, dass alles zu deiner Sicherheit optimal eingestellt ist. Vielleicht glaubst du, dass deine Privatsphäre auf bestimmten Seiten geschützt ist, aber das stimmt nicht immer. Leute, die dich kennen, und sogar Fremde können Posts sehen, von denen du dachtest, sie seien privat und die es auch bleiben sollen. Überprüfe deshalb die Privatsphäre-Einstellungen auf jeder Seite, die du besuchst.
- Nimm nur Freundschaftsanfragen von Leuten an, die du kennst. Stell außerdem unbedingt sicher, dass niemand außer den Leuten auf deiner Freundesliste Informationen über dich sehen kann – das lässt sich in den Privatsphäre-Einstellungen festlegen. Und wenn dir jemand eine Instant Message oder eine E-Mail schickt und sagt, dass er oder sie ein »Kumpel« oder ein »Freund« ist, du aber seinen oder ihren Nickname nicht kennst, blockiere diese Person, sodass sie dich nicht wieder anschreiben kann.
- Benutze niemals deinen richtigen Namen, wenn du in einem sozialen Netzwerk unterwegs bist. Verrate niemals Fremden Details über dich, weder dein Alter noch dein Geschlecht, deine Telefonnummer, deine Adresse, den Namen und die Adresse deiner Schule oder wo du deine Freizeit verbringst. Wenn dich jemand etwas fragt, worauf du keine Antwort geben willst, antworte nicht und rede sofort mit einem Erwachsenen, dem du vertraust. Und gib niemals irgendjemandem dein Passwort.
- Wenn du einen Anruf oder eine Nachricht auf dein Handy erhältst und nicht weißt, wer sie geschickt hat, oder wenn du die Nummer des Absenders nicht erkennst, dann ruf oder schreib nicht zurück und lösche die Nachricht von deinem Handy.
- Chatte nicht mit Fremden und verabrede niemals ein Treffen mit jemandem, den du online kennengelernt hast, aber nicht persönlich kennst – auch dann nicht, wenn ein Freund diese Person kennt oder wenn es jemand von deiner Schule ist. Dieselbe Regel gilt, wenn jemand, den du nicht kennst, dir eine Instant Message oder eine SMS schickt und versucht, dich zu überreden, ihn oder sie persönlich zu treffen. Es könnte ein Erwachsener sein, der nur so tut, als sei er in deinem Alter. Du kannst nicht sicher wissen, wer dieser Fremde ist. Es könnte sogar passieren, dass er oder sie dich bei einem Treffen körperlich verletzt. Sag sofort einem Erwachsenen Bescheid, wenn dich jemand anschreibt und ein Treffen verabreden will – auch wenn derjenige sagt, es müsse geheim bleiben. Mit einem Erwachsenen zu sprechen kann dir Sicherheit geben.
- Wenn jemand Nachrichten, Fotos und Videos im Internet verbreitet, die mit Sex zu tun haben, nennt man das »Sex-

ting«. In einigen Ländern gilt Sexting sogar als kriminell. Deshalb solltest du dir umso genauer überlegen, was du jemandem über das Internet schickst. Sei dir bewusst, dass das, was du verschickst, vielleicht öffentlich gemacht wird, und dass es Konsequenzen für dich, deine Freunde und deine Familie haben könnte – besonders, wenn es sich um etwas handelt, das in die Kategorie »Sexting« fallen könnte. Wenn du dir vorher Gedanken machst, fällt es dir leichter, zu entscheiden, was du lieber nicht schreiben, posten oder verschicken solltest – nämlich private Dinge über dich und/oder deinen Körper oder über deine Freunde.

- Verschicke, poste oder teile niemals Videos oder Fotos von dir oder deiner Familie, von denen du nicht willst, dass deine Eltern, Lehrer oder dein Schulleiter sie sehen. Das gilt besonders für Videos oder Fotos, die dich oder einen Teil deines Körpers nackt zeigen, auch wenn du meinst, dass ein Foto deines Bauchnabels oder ein Bild von dir in Boxershorts oder in einer rot-weiß gepunkteten Unterhose lustig ist. Warum? Jemand könnte das Video oder Foto an all deine Klassenkameraden schicken oder sogar an andere Schulen und rund um die Welt. Wenn nur einer es weiterschickt, kann es im ganzen Internet verbreitet werden und von dort auf anderen Computern, Handys oder Tablets gespeichert werden – es kann an andere Kinder, an deine Eltern oder sogar an deinen Lehrer oder den Rektor geschickt werden. Und auch an Fremde.

Dasselbe gilt für alles, was du im Internet oder in einer Mail schreibst oder online postest. Verhalte dich online genauso bedacht, wie du es im Alltag gegenüber anderen tust. Überlege gut, bevor du etwas Gemeines sagst oder in einer E-Mail oder auf einer Webseite einen Streit mit jemandem beginnst. Wenn deine Sätze erst einmal gespeichert sind, stehen sie dort für immer und du kannst sie nicht zurücknehmen. Andere, von denen du es vielleicht nicht willst, können deinen Text lesen. Du kannst niemals sichergehen, dass das, was du geschrieben hast, privat bleibt.

Wenn du online sagst, dass jemand fett oder mager oder sexy oder hässlich oder schön oder attraktiv ist, sind diese Worte und Sätze nicht mehr privat, sobald du sie absendest. Etwas Gemeines zu sagen oder jemanden aufzuziehen oder Gerüchte – z.B. solche, die mit Sex zu tun haben – zu verbreiten, kann eine andere Person verletzen. Wenn jemand so etwas im Internet tut, indem er zum Beispiel etwas postet oder mailt, nennt man das Cyber-Mobbing. Jemanden zu mobben bedeutet, jemanden zu misshandeln. Cyber-Mobbing heißt, jemanden online zu misshandeln.

In vielen Familien und Schulen gibt es Regeln zum Umgang mit Handys und dem Internet, und in manchen Schulen musst du sogar unterschreiben, dass du beim Surfen und im Umgang mit dem Handy bestimmte Regeln einhältst. Diese Regeln sollen dich nicht davon abhalten, online Informationen zu finden oder Kontakt zu deinen Freunden zu halten. Vielmehr nutzen Eltern und Lehrer diese Regeln und Formulare, damit du sicher surfen kannst. Vielleicht fragst du dich, wovor sie dich beschützen wollen? Eltern, Lehrer und Bibliothekare fürchten, dass du auf einer Webseite landen könntest, die dich durcheinanderbringen oder die dir schaden könnte, und das möchten sie verhindern. Bei solchen Regeln geht es darum, für deine Sicherheit zu sorgen, während du online oder mit deinem Handy beschäftigt bist. Die Regeln sollen auch dafür Sorge tragen, dass private Informationen über dich nicht in falsche Hände geraten, sodass Fremde dich nicht kontaktieren oder treffen können.

In jeder Familie und in jeder Schule wird der Umgang mit Handys und dem Internet unterschiedlich gehandhabt, und es gibt unterschiedliche Regeln. Sprich mit deiner Familie über eure Regeln und mach dich schlau, was in deiner Schule gilt, damit du dich sicher fühlen kannst.

Beinahe jeder kann darauf achten, sich sicher durch das Internet zu bewegen und dort die richtigen Informationen zu finden. Wenn du trotzdem Hilfe brauchst oder du auf etwas stößt, das dich beunruhigt, oder wenn jemand Fremdes, den du online kennenlernst, dich persönlich treffen möchte, dann sprich mit einem Erwachsenen, dem du vertraust. Er oder sie wird dir helfen, auf dich aufzupassen.

Surfen im Internet kann spannend und nützlich sein, denn es gibt jede Menge toller, seriöser Websites, auf denen du dich über Dinge informieren kannst, die dich interessieren – oder auf denen du ganz zufällig Neues entdecken kannst. Die Informationen auf seriösen Seiten helfen dir vielleicht auch weiter, wenn du Fragen oder Sorgen rund um Sexualität und Gesundheit hast. Und während der Pubertät und des Erwachsenwerdens geben sie dir vielleicht Impulse, dir auf ganze neue und fürsorgliche Art und Weise Gedanken um dich selbst und deine Freunde zu machen.

Kapitel 26
Sprich drüber
Sexueller Missbrauch

Es ist traurig, aber wahr, dass das sexuelle Verhalten mancher Leute gefährlich sein und andere sogar verletzen kann.

Müssen wir uns das anhören – sexueller Missbrauch?

Ich finde schon.

Diese Art von Verhalten wird als sexueller Missbrauch bezeichnet.

Sexueller Missbrauch ist ein Thema, mit dem sich Kinder und Erwachsene sehr schwertun und worüber sie nicht gerne reden. Man hört darüber oft falsche und verwirrende Dinge.

Obwohl die meisten Kinder den Begriff »sexueller Missbrauch« vielleicht schon einmal gehört haben, bedeutet das noch lange nicht, dass sie auch wissen, was darunter zu verstehen ist. Sexuell heißt, dass es irgendetwas mit Sex zu tun hat. Missbrauch bedeutet Misshandlung, falsche Behandlung,

Sexueller Missbrauch liegt dann vor, wenn jemand einen anderen sexuell misshandelt. Das kommt vor, wenn jemand einem anderen körperlich überlegen oder deutlich älter ist und dies sexuell ausnutzt. Dazu hat niemand das Recht.

Erwachsene wie Kinder sind dazu angehalten, andere mit Respekt zu behandeln. Sexueller Missbrauch liegt vor, wenn jemand die Regeln im Umgang mit dem Körper einer anderen Person verletzt. Eine Art von sexuellem Missbrauch besteht darin, sich unangemessen und unanständig gegenüber einer anderen Person über deren Körper zu äußern und vielleicht anzügliche Kommentare abzugeben.

Um sexuellen Missbrauch handelt es sich auch, wenn jemand die intimen Körperteile (Geschlechtsteile) einer anderen Person gegen deren Willen berührt. Sexueller Missbrauch liegt auch vor, wenn jemand eine andere Person zwingt, seine Geschlechtsteile zu berühren oder zu manipulieren.

Dieser Jemand kann ein Mensch sein, den der oder die Betroffene kennt und vielleicht liebt, oder aber ein Fremder. In Wirklichkeit ist es sogar meistens – wenn auch nicht immer – ein Mensch, den das Opfer kennt.

Sexueller Missbrauch kann zwischen Erwachsenen und Kindern vorkommen, sogar zwischen einem Elternteil und einem Kind und auch unter Kindern oder sogar unter Geschwistern. Sexueller Missbrauch kann sowohl Jungen als auch Mädchen betreffen.

Das »normale« alltägliche Küssen, Umarmen, Streicheln, Händchenhalten und Berühren zwischen Familienmitgliedern und guten Bekannten hat natürlich nichts mit sexuellem Missbrauch zu tun, sondern ist Ausdruck von

Zuneigung und Liebe. Auch eine Untersuchung im Genitalbereich durch einen Arzt, eine Ärztin oder Krankenschwester ist kein sexueller Missbrauch. Diese regelmäßigen Kontrolluntersuchungen sind wichtig, um gesund zu bleiben.

Sexueller Missbrauch ist in der Regel schmerzhaft und unangenehm. Aber nicht jede Form des sexuellen Missbrauchs schmerzt; man kann auch auf scheinbar liebevolle und sanfte Art sexuell missbraucht werden. In diesem Fall ist es oft sehr verwirrend, weil eigentlich nicht zu begreifen ist, dass etwas so Schlimmes gleichzeitig auch liebevoll und sanft sein kann.

Bei jeder sexuellen Berührung und in jeder sexuellen Beziehung tragen beide Partner – ganz gleich, ob der eine stärker oder älter oder mächtiger ist als der andere – gleichermaßen die Verantwortung dafür, dass sie miteinander fürsorglich, bedacht und respektvoll umgehen. Jungen müssen Mädchen Respekt entgegen bringen und umgekehrt – das heißt auch, dass man den jeweils anderen nicht zu einer sexuellen Beziehung nötigt, also zwingt. Auch dann nicht, wenn die eigenen sexuellen Gefühle sehr stark sind.

Ganz gleich, ob sexueller Missbrauch wehtut oder sich sanft oder sogar liebevoll anfühlt, er bleibt doch Unrecht. Besonders Erwachsene wissen das. Wenn es dir passiert, ist das keinesfalls deine Schuld. Selbst wenn Kinder die Verhaltensregeln nicht kennen, Erwachsene kennen sie oder sollten sie zumindest kennen.

Du musst wissen, dass dein Körper nur dir gehört! Es ist auch wichtig, zu wissen, dass viele Leute Kinder gern haben und dafür Sorge tragen, dass ihnen nichts passiert.

Wenn jemand deinen Körper berührt, ohne dass du es willst, dann wehr dich sofort mit »Nein!«, »Stopp!« oder »Ich will das nicht!«.

Auch verbale Belästigungen, schmutzige Wörter über Sex oder anzügliche Bemerkungen über deinen Körper sind eine Form von sexueller Belästigung. Auch das musst du dir nicht gefallen lassen. Mach der Person klar, dass du das nicht willst. Auch wenn die Person dich nicht berührt, handelt es sich doch um sexuellen Missbrauch.

Manchmal kommt es vor, dass eine Person eine andere zu sexuellen Handlungen zu verführen versucht, indem er oder sie mit der anderen Person flirtet, ihr oder ihm Komplimente macht, oder sich aufreizend anzieht. Das kann sehr verwirrend sein, denn solches Verhalten ist oft ja auch völlig normal und in Ordnung. Manchmal aber ist es das ganz und gar nicht; dann bietet eine Person einer anderen vielleicht sogar Alkohol oder Drogen an oder zeigt ihm oder ihr Fotos oder Videos von nackten Körpern, selbst wenn die andere Person für all das viel zu jung ist.

Solches Verhalten ist falsch und unangemessen, und es kann Jungen wie Mädchen passieren. Solltest du je in eine solche Situation kommen, sag »Stopp!«, geh weg und erzähl so schnell wie möglich einem Erwachsenen, dem du vertraust, was passiert ist. Dieser kann dir helfen, der Sache ein Ende zu machen. Denn auch dabei handelt es sich um eine Form sexuellen Missbrauchs.

Selbstverständlich haben gute Freunde oder Freundinnen Geheimnisse. Das ist auch völlig in Ordnung. Aber wenn sexueller Missbrauch vorliegt, gilt das nicht. Hier ist es wichtig – auch gegen ein Versprechen –, dieses Wissen einer Person, der du vertraust, mitzuteilen. Wenn diese Person dir nicht zuhört, dann wende dich an jemand anderen. Sprich so lange darüber, bis du jemanden findest, der dich ernst nimmt und dir glaubt. Diese Person wird dir helfen.

Vergiss nicht: Es ist niemals deine Schuld, wenn dich jemand missbraucht!

Auch du solltest niemals jemanden in irgendeiner Weise missbrauchen, denn das ist unfair. Du hast kein Recht dazu. Wenn jemand *Nein* sagt, musst du dieses *Nein* akzeptieren und die Wünsche deines Gegenübers respektieren.

Die meisten Menschen wollen nicht über sexuellen Missbrauch sprechen. Heutzutage fällt es vielen allerdings leichter als noch vor zwanzig Jahren. Kinder können mit ihren Eltern, einem Freund oder Lehrer reden. Sehr oft hilft es auch, mit jemandem zu sprechen, der speziell dafür ausgebildet wurde, in solchen Fällen zu helfen – zum Beispiel mit einem Therapeuten, einem Beratungslehrer, einem Arzt, einer Krankenschwester oder einem Pfarrer. Es erleichtert ungemein, mit einer vertrauenswürdigen Person über sexuellen Missbrauch zu reden, falls du davon betroffen bist.

Kapitel 27
Kontrolluntersuchungen
Sexuell übertragbare Krankheiten/Geschlechtskrankheiten

Sex ist ein wichtiger, natürlicher und ganz normaler Bestandteil unseres Lebens. Allerdings werden bestimmte Krankheiten durch sexuellen Kontakt auf andere Personen übertragen. Ein anderer Ausdruck für diese Form der Erkrankung ist *Geschlechtskrankheit*.

Infektionen und Krankheiten wie Erkältungen und Grippe werden durch Keime verursacht, die so klein sind, dass man sie nur durch ein Mikroskop erkennen kann. Nicht alle Keime verursachen Krankheiten, aber einige – beispielsweise Viren und Bakterien – schon. Keime können von einer Person auf die andere übertragen werden. Dies geschieht auf verschiedenen Wegen: durch Niesen, Händeschütteln, das Benutzen desselben Glases, Tellers oder Bestecks.

Geschlechtskrankheiten unterscheiden sich von den meisten anderen Infektionen dadurch, dass sie durch sexuellen Kontakt übertragen werden. Die meisten Leute reden nicht gern über Geschlechtskrankheiten.

Es gibt viele Geschlechtskrankheiten. Einige davon sind nicht sehr schwerwiegend. Andere wiederum können äußerst gefährlich sein und verhindern, dass man Kinder bekommen kann; ja, sie

Ich mag überhaupt nichts über Krankheiten hören.

Ich auch nicht, aber hören wir doch mal zu.

können sogar tödlich sein. Aber die meisten können geheilt werden. Für unheilbar Kranke gibt es Arzneimittel und Behandlungen, die verhindern sollen, dass es ihnen schlechter geht.

Aber nicht nur durch Keime kann man sich eine Geschlechtskrankheit zuziehen. Einige Geschlechtskrankheiten, wie Filzläuse oder Krätze, werden durch winzige Insekten verursacht.

Filzläuse, auch Schamläuse genannt, leben gerne in warmen, behaarten Körperregionen wie dem Schambereich und werden durch sexuellen Kontakt übertragen. Der Befall durch Filzläuse kann durch Anwendung eines Medikaments, das die Läuse im Schambereich abtötet, leicht behandelt werden. Diese Läuse unterscheiden sich von Kopfläusen dadurch, dass Letztere nicht durch sexuellen Kontakt übertragen werden. Kopfläuse treten nicht im Schambereich auf.

Krätze kann eine Geschlechtskrankheit sein, muss aber nicht. Sie wird durch winzige Spinnentiere, nämlich Milben, verursacht, die einen starken Juckreiz im Bereich der Genitalien, aber auch in anderen Körperregionen, mit Ausnahme von Nacken und Kopf, hervorrufen. Krätze behandelt man durch Auftragen von Medikamenten auf die infizierten Körperstellen.

Sexueller Kontakt ist nicht die einzige Möglichkeit, Filzläuse oder Krätze zu bekommen. Auch durch den Kontakt mit Bettwäsche, Handtüchern oder Kleidung einer infizierten Person können diese Krankheiten übertragen werden.

Syphilis, Gonorrhoe (Tripper) und die Infektion durch Chlamydien sind drei Geschlechtskrankheiten, die durch Bakterien hervorgerufen werden. Sie können normalerweise geheilt werden, wenn man frühzeitig einen Arzt aufsucht oder in eine Klinik geht und richtig behandelt wird. Unbehandelt stellen sich schwerwiegende Folgen ein. Man kann beispielsweise erblinden oder unfruchtbar werden. Schwangere Mütter übertragen die Geschlechtskrankheiten auf das ungeborene bzw. neugeborene Kind (z. B. während der Geburt) und schaden ihm somit.

Oftmals weiß eine Person, die mit Chlamydien oder Gonorrhoe infiziert ist, gar nichts davon. Es gibt aber medizinische Tests, mit denen man herausfinden kann, ob jemand eine dieser Infektionen hat. Mädchen und junge Frauen können und sollten sich ab dem ersten Geschlechtsverkehr bis zu ihrem 26. Lebensjahr jährlich auf Chlamydien untersuchen lassen.

Syphilis ist eine äußerst gefährliche Geschlechtskrankheit, die zum Tod führen kann, wenn sie nicht frühzeitig vom Arzt erkannt wird. Wenn ein Test ergibt, dass jemand an Chlamydien, Gonorrhoe oder Syphilis erkrankt ist, sollten sich die betroffene Person und auch ihr Partner so schnell wie möglich einer betreuten medizinischen Behandlung unterziehen.

Hepatitis wird durch ein Virus verursacht, das die Leber angreift. Es gibt verschiedene Hepatitistypen. Durch einen medizinischen Test kann man herausfinden, ob eine Person mit Hepatitis infiziert ist.

Hepatitis B ist sehr ansteckend und kann durch Küssen, beim Geschlechtsverkehr oder durch die Benutzung unsauberer Nadeln und Kanülen übertragen werden. Drogenabhängige, die unsaubere Nadeln verwenden bzw. diese gemeinsam benutzen, sind hochgradig gefährdet, an Hepatitis B zu erkranken. Auch bei Tätowierungen oder beim Ohrlöcherstechen muss streng darauf geachtet werden, dass eine brandneue, keimfreie Nadel verwendet wird. Es gibt keine Arznei gegen Hepatitis B, aber es existiert ein Impfstoff. Eine schwangere Frau kann das Virus während der Geburt auf ihr Neugeborenes übertragen. Neugeborene und alle Personen unter 18 Jahren sollten gegen Hepatitis B geimpft werden. Die meisten Menschen, die an Hepatitis B erkranken, erholen sich wieder. Das Virus kann jedoch auch zu Krebserkrankungen und zum Tod führen.

Hepatitis C kann ebenfalls durch sexuellen Kontakt übertragen werden und sich auch durch unsaubere Nadeln und Kanülen verbreiten. Es gibt noch keine Impfung gegen Hepatitis C.

Eine HPV-Infektion wird durch das humane Papillomvirus verursacht und ist sehr ansteckend. Sie kann dazu führen, dass Gebärmutterhalskrebs oder Feigwarzen entstehen. Mittlerweile gibt es eine Impfung – eine Serie von drei Injektionen – für Mädchen und Jungen sowie junge Erwachsene zwischen neun und 18 Jahren, die idealerweise noch keinen sexuellen Kontakt hatten. Die Impfung wird von einem Arzt durchgeführt. Der Impfstoff verhindert, dass Mädchen, Jungen oder junge Frauen und Männer an HPV erkranken und andere anstecken, und er schützt Frauen vor Gebärmutterhalskrebs. Die Impfung

ist am wirksamsten, wenn sie vor dem ersten Geschlechtsverkehr durchgeführt wird.

In manchen Fällen verschwinden Feigwarzen von selbst. Manche Männer und Frauen können winzige Feigwarzen – als Höcker oder Wucherungen – an ihren Genitalien oder am After ertasten. Manchmal jucken die Warzen auch. Andere spüren dagegen nichts und wissen gar nicht, dass sie Feigwarzen haben. Deshalb sind regelmäßige Vorsorgeuntersuchungen wichtig. Mit dem Pap-Test kann man herausfinden, ob eine Frau HPV an der Gebärmutter hat. Ein Arzt kann Feigwarzen an der Gebärmutter mit Medikamenten behandeln oder entfernen, doch sie können nachwachsen.

Herpes-simplex-Viren verursachen eine Infektion, die, wenn auch nicht immer, sexuell übertragbar ist. Das Virus wird durch Hautkontakt von einer Person auf die andere übertragen und ist sehr ansteckend. Es gibt zwei Arten dieses Virus.

Herpes 1 verursacht blasenähnliche Entzündungen im Mund-, Nasen- oder Augenbereich. Herpes 2 oder Genitalherpes verursacht blasenähnliche Entzündungen im Bereich der Genitalien und des Afters. Oft wissen die Betroffenen gar nicht, dass sie an Herpes erkrankt sind, aber die Krankheit lässt sich durch einen medizinischen Test feststellen.

Für das Herpes-simplex-Virus ist noch kein Heilmittel gefunden worden, aber beide Versionen können vom Arzt mit Medikamenten behandelt werden, die dafür sorgen, dass die Entzündungen verschwinden und die betroffenen Stellen abheilen. Die Entzündungen können jedoch immer wieder auftreten. Eine schwangere Frau kann das Virus bei der Geburt auf ihr Baby übertragen.

Meist erkranken Erwachsene oder Teenager an Geschlechtskrankheiten. Werden beim Geschlechtsverkehr regelmäßig neue Kondome aus Latex, Polyurethan oder Polyisopren richtig benutzt, kann dies vor Geschlechtskrankheiten schützen bzw. verhindern, dass sie übertragen werden. Es ist eine Möglichkeit, »Safer Sex« zu praktizieren. Ungeschützter Geschlechtsverkehr ist äußerst riskant.

Kondome sind die einzigen Verhütungsmittel, die auch vor Geschlechtskrankheiten schützen. Abstinenz ist der sicherste Weg, sich selbst vor Geschlechtskrankheiten zu schützen.

Nicht alle Infektionen werden durch sexuellen Kontakt übertragen. Wenn du Beschwerden oder Schmerzen im Bereich der Geschlechtsorgane spürst, muss dies ärztlich kontrolliert werden.

Sofortige ärztliche Hilfe und Versorgung sexuell bedingter Krankheiten können lebensrettend sein und eine Übertragung der Krankheit auf eine weitere Person verhindern.

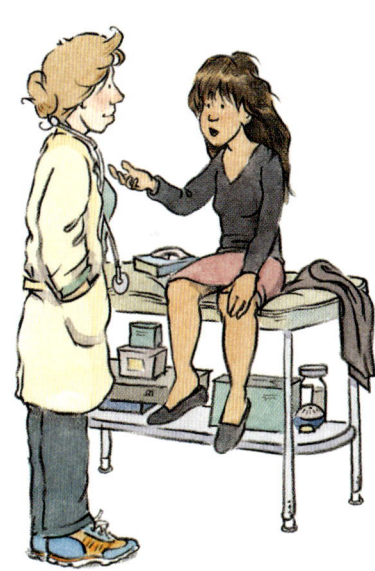

Kapitel 28
Wissenschaftler forschen Tag und Nacht
HIV und Aids

Die HIV-Infektion ist die gefährlichste sexuell übertragbare Krankheit. HIV ist das Virus, das Aids verursacht. Bei Menschen, die sich bereits mit einer anderen Geschlechtskrankheit angesteckt haben, besteht ein erhöhtes Risiko, dass sie sich auch mit HIV infizieren.

Das Wort *HIV* setzt sich aus den Anfangsbuchstaben des englischen Begriffs *Human immunodeficiency Virus* zusammen, auf Deutsch: *Menschliches immunschwächevirus.* *Aids* kommt ebenfalls aus dem Englischen und steht für *Acquired Immune Deficiency Syndrome*, auf Deutsch: *erworbenes Immunschwächesyndrom.* Ein Virus ist eine Art Keim – so klein, dass man ihn nur unter dem Mikroskop erkennen kann –, der Menschen krank machen kann. Immunschwäche bedeutet, dass der Körper nicht mehr in der Lage ist, Infektionen und Krankheiten wie Krebs abzuwehren und zu bekämpfen. Syndrom heißt, dass die Krankheit sich durch verschiedene Krankheitszeichen (Symptome) äußert, bei Aids zum Beispiel durch eine bestimmte Form der Lungenentzündung, durch bestimmte Krebsarten, Nervenentzündungen oder Hirnstörungen.

Das Tückische bei HIV ist, dass die Viren das körpereigene Abwehrsystem (Immunsystem) zerstören, indem sie wichtige Abwehrzellen befallen und sich in ihnen vermehren. Oft merkt man das gar nicht, bis sich plötzlich die Immunschwäche zeigt: Der Körper ist dann wehrlos gegen viele Krankheitserreger, die ein gesunder Mensch ohne Probleme abwehrt. Wissenschaftler und Ärzte wissen heute, dass die meisten HIV-Infizierten ohne Behand-

lung früher oder später bestimmte Symptome von Aids entwickeln: Husten, Fieber, Gewichtsverlust, geschwollene Drüsen, Durchfall und Probleme, klar zu denken und zu sehen. Wer HIV-infiziert ist, ist aber noch lange nicht aidskrank, denn es kann zehn Jahre oder länger dauern, bis die Krankheit ausbricht. Bricht Aids jedoch aus und wird nicht behandelt, sterben die meisten Patienten letztlich an einer der durch die Immunschwäche ausgelösten Krankheiten.

Ein Medikament, mit dem man das Virus völlig besiegen kann, ist noch nicht verfügbar. Durch Medikamente kann man den Ausbruch von Aids heute jedoch hinauszögern. Und selbst Aidssymptome können inzwischen oft noch gut behandelt werden, sodass die Patienten sich besser fühlen und lange mit der Krankheit leben können.

Jeder kann sich mit HIV infizieren, egal ob jung oder alt, männlich oder weiblich, reich oder arm, hetero-, homo-, bisexuell oder Transgender, berühmt oder nicht berühmt, schwach oder stark. Eine HIV-Infektion hat nichts

damit zu tun, wer du bist, aber sie kann eine Menge damit zu tun haben, wie du dich verhältst.

Nur ein vom Arzt durchgeführter Test gibt Gewissheit darüber, ob man mit HIV infiziert ist. Dazu wird eine kleine Menge Blut abgenommen und darauf untersucht, ob sich Antikörper gegen

HIV nachweisen lassen. Werden Antikörper gefunden, heißt das Ergebnis »positiv«, das bedeutet nicht, dass das für die Menschen gut ist, sondern dass Antikörper vorhanden sind. Und wo Antikörper gegen die Viren sind, sind auch die Viren.

Wodurch man NICHT mit HIV infiziert werden kann:
- Nicht anstecken kannst du dich beim Fangenspielen, Umarmen, Händeschütteln oder beim Kuss auf die Wange oder den Mund.
- Ebenso wenig wird HIV durch gemeinsames Benutzen von Geschirr, Kämmen, Bürsten, Türklinken oder Toilettensitzen übertragen.
- Auch die sonst bei Viren möglichen Ansteckungswege durch Niesen oder Husten sind ausgeschlossen.

- Du kannst HIV nicht bekommen, wenn du Blut spendest.
- Stechmücken oder Flöhe können HIV nicht übertragen.
- Auch im Schwimmbad besteht keine Ansteckungsgefahr.
- HIV wird nicht übertragen durch die bloße Anwesenheit

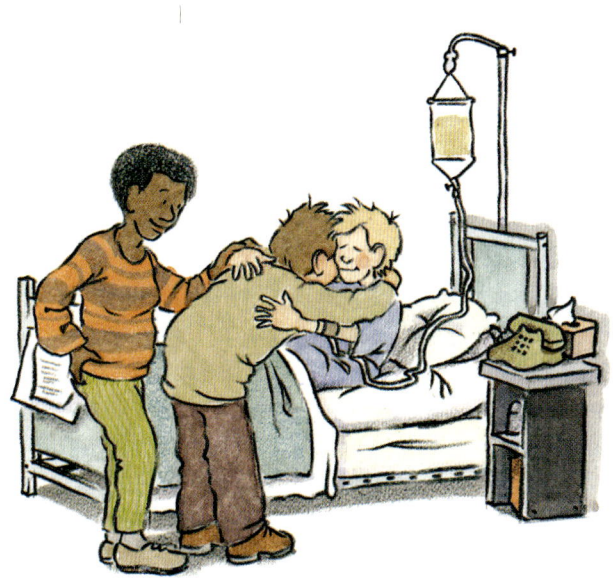

einer HIV-infizierten Person (zum Beispiel im selben Klassenzimmer). Deshalb ist es auch völlig unproblematisch, wenn du Aidskranke zu Hause oder im Krankenhaus besuchst.

Wie man sich mit HIV anstecken KANN:

- Du kannst dich beim Geschlechtsverkehr mit HIV infizieren. Sowohl Samen- als auch Scheidenflüssigkeit von HIV-Infizierten enthalten das Virus. Man kann sich auch dann anstecken, wenn die betreffende Person noch keine Krankheitszeichen hat. Ungeschützter Sex (Sex ohne Kondom, bei dem der Penis in die Scheide, den After oder den Mund eindringt) ist also riskant. Man kann sich aber schützen, indem man ein Kondom aus Latex oder Polyurethan verwendet (beim Analverkehr mit einem Gleitmittel auf Wasserbasis; fetthaltiges Gleitmittel macht den Gummi porös).

- Außerdem wird HIV auch durch Blut übertragen; man kann sich also anstecken, wenn das Blut eines HIV-Infizierten in den eigenen Blutkreislauf gelangt – oder wenn man mit HIV infiziertes Blut gespritzt bekommt. Das Blut, das Kinder, Babys und Erwachsene bei einer Blutspende erhalten, wird jedoch immer vor der Transfusion auf HIV untersucht und ist ganz sicher unbedenklich.

- Man kann sich auch mit HIV (und Hepatitis) infizieren, wenn man Drogen spritzt und dazu eine Spritze verwendet, die schon von jemand anderem benutzt wurde. Oft bleiben

nämlich kleine Blutreste in der Spritze, die man gar nicht sieht. Wenn du beim Arzt eine Injektion bekommst, werden nur ungebrauchte, sterile Einmalspritzen verwendet. Auch beim Tätowieren oder Ohrlochstechen ist es übrigens wichtig, unbenutzte und keimfreie Nadeln zu verwenden.

- HIV kann auch von der Mutter auf ihr Baby übertragen werden, und zwar sowohl während der Schwangerschaft als auch bei der Geburt und beim Stillen über die Muttermilch. Mit bestimmten Medikamenten kann man aber dieses Risiko sehr weit senken, sodass bei uns nur sehr selten HIV-infizierte Babys geboren werden. Und statt Muttermilch gibt es spezi-

elle Pulvermilch und Muttermilchersatz aus Milch, Vitaminen, Salz und Zucker, die das Baby aus der Flasche bekommen kann.

Zum Glück gibt es viele Möglichkeiten, sich vor HIV zu schützen und das Risiko, an Aids zu erkranken, gering zu halten. Eine Möglichkeit besteht darin, auf Geschlechtsverkehr zu verzichten. Das nennt man Abstinenz und es ist die einzige absolut sichere Möglichkeit, eine Übertragung von HIV durch Geschlechtsverkehr auszuschließen. Möchte man doch Geschlechtsverkehr haben, bieten Kondome für Männer einen guten Schutz, der das Risiko einer Erkrankung erheblich verringert. Das nennt man »Safer Sex«, und dazu gehört auch, bei jedem Geschlechtsverkehr ein neues Kondom richtig zu verwenden.

Auch, indem Drogenabhängige niemals Spritzen miteinander teilen, verringern sie ihre Chance, sich mit HIV zu infizieren.

Kann man sich gegen HIV impfen lassen?
Leider noch nicht, auch wenn Wissenschaftler auf der ganzen Welt Tag und Nacht an der Entwicklung eines Impfstoffs arbeiten, der einen wirksamen Schutz vor HIV bietet (genauso wie es Impfstoffe gegen Masern, Mumps oder Kinderlähmung gibt).

Die Wissenschaftler arbeiten auch daran, Medikamente und Behandlungen zu entwickeln, die Menschen, bei denen Aids bereits ausgebrochen ist, ein längeres und gesünderes Leben ermöglichen. Sie hoffen, dass eine solche Behandlung das Virus in Schach hält, sodass es den Betroffenen nicht mehr schadet, oder es sogar ganz zum Verschwinden bringt. Manchmal bewirkt die Behandlung jedoch auch, dass die Patienten sich zeitweise noch schlechter fühlen; deshalb wird auch an Wirkstoffen geforscht, die ihr Wohlbefinden steigern und etwa ständiger Müdigkeit entgegenwirken sollen.

Auch ohne Impfung oder Behandlung können Menschen sich gegen eine HIV-Infektion schützen, wenn sie wissen, wie das Virus übertragen wird.

Viele Menschen, die HIV-positiv sind oder bereits an Aids leiden, können weiterhin zur Arbeit oder zur Schule gehen und größtenteils noch viele Jahre lang ihr Leben relativ normal weiterführen, bevor es ihnen gesundheitlich zu schlecht geht. Dennoch werden sowohl Kinder als auch Erwachsene, die mit HIV infiziert oder an

Aids erkrankt sind, häufig diskriminiert. Manche Kinder mussten allein aus diesem Grund mit ihren Familien sogar umziehen.

Eine HIV-Infektion oder gar eine Aids-Erkrankung ist in vielerlei Hinsicht traurig und schmerzlich. Wenn du also jemanden kennst, der HIV-positiv ist oder Aids hat, gehe freundlich mit ihm um. Schüttelt die Hände, sagt Hallo, umarmt euch, sprecht miteinander, lacht und weint zusammen, arbeitet und spielt miteinander – all das ist sicher. Behandle die Person einfach so, wie du jeden guten Freund behandeln würdest.

Kapitel 29
Gesund bleiben
Verantwortungsbewusste Entscheidungen treffen

Ein großer Teil des Erwachsenwerdens besteht darin, zu lernen, gut auf sich selbst zu achten.

Gesunde Ernährung, tägliche Bewegung, Körperhygiene, keine Drogen und kein Alkohol, regelmäßige ärztliche Kontrolluntersuchungen – all das hilft, die Pubertät gesund zu »durchlaufen«.

Pubertät bedeutet aber auch, für deine Handlungen Verantwortung zu übernehmen. Das heißt vernünftige Entscheidungen zu treffen, wenn es um dich, deinen Körper und um Sex geht.

Aber nicht nur der Körper und die Gesundheit sind wichtig, sondern auch Freundschaften. Und die setzen voraus, dass man auch auf den anderen, die Freundin, den Freund, achtet und deren Wünsche und Vorstellungen akzeptiert. Freundschaften verpflichten einerseits, während sie dir andererseits gleichzeitig helfen. Dazu gehört auch das Miteinanderteilen von Büchern, Klamotten, Fahrrädern usw. Aber auch das Teilen von Geheimnissen.

Während jeder Lebensphase

sind Freundschaften wichtig. Dabei ist es egal, ob zwei Menschen sich nur mögen, sich lieben oder beides, ob sie Freunde sind, eine Beziehung führen oder ob sie als Partner zusammenleben oder auch heiraten.

Die Pubertät ist eine aufregende, aber manchmal auch gefährliche Zeit. Selbst gute Freunde versuchen bisweilen, dich dazu zu drängen oder davon zu überzeugen, neue Dinge auszuprobieren. Einige davon, zum Beispiel Alkohol und Drogen, aber auch Sex oder bestimmte Sexpraktiken, wirst du unter Umständen ablehnen. Wichtig ist, dass du alles, was du nicht willst, bestimmt ablehnst. Denn nur du weißt, was du willst! Informiere dich immer über Risiken!

Jeder ist verpflichtet, verantwortungsbewusste Entscheidungen für sich, aber auch für andere zu treffen. Jeder macht mal einen Fehler, womöglich auch du. Doch meistens wirst du eine verantwortungsvolle Entscheidung treffen, die gut für dich und deine Freunde ist.

Foto: Susan Kuklin

Robie H. Harris, geb. in Buffalo, New York, arbeitete als Lehrerin, bevor sie zu schreiben begann. Ihr Interesse für die kindliche Entwicklung und die Erfahrung mit ihren eigenen Kindern zeigten ihr, »wie schwierig, aber auch wichtig es ist, mit Jugendlichen über Sex zu sprechen und ihre Fragen zu beantworten. Ich wollte, dass meine Kinder gesund bleiben, und dazu brauchten sie fundierte Informationen. Als ich dieses Buch schrieb, bestätigten mir Gespräche mit Teenagern und ihren Eltern, mit Lehrern, Ärzten und Wissenschaftlern den großen Bedarf an Fakten zur sexuellen Gesundheit.« Bis heute hat Robie H. Harris mehr als 25 Bilder- und Kinderbücher veröffentlicht. Ihre Aufklärungsbücher sind in vielen Ländern Klassiker.

Foto: M.L.E.

Michael Emberley, geb. in Boston, Massachusetts, arbeitet seit 1979 als freischaffender Illustrator und hat seitdem zahlreiche Kinderbücher bebildert. Über seine Zusammenarbeit mit Robie H. Harris an *Total normal* sagt er: »Zu diesem Thema hatten wir von Anfang an dieselbe Meinung. Wir sind der Überzeugung, dass es richtig ist, klare Informationen zu vermitteln, anstatt sie den Jugendlichen vorzuenthalten.« Michael Emberley lebt heute mit seiner Frau in Irland.

Register

Abbrechen, 78-80
Abort (Fehlgeburt), 81
Abstinenz (Enthaltsamkeit), 58., 73f., 78, 93
Acquired immune Deficiency Syndrome (Aids), 15, 60f., 74f., 94-98.
Adamsapfel, 45
Adoleszenz, 33
Adoption, 71f., 80
After (Anus), 25, 28, 61, 82f.
Aids, 15, 60f., 74f., 94-98
Alkohol, 65, 89, 98f.
Analverkehr, 61, 73, 91
Antibabypille, 75f.
Anus (After), 25, 28, 61, 92f.
Babys, 10-12, 14f., 26f., 32, 43,f., 53-57, 62-65, 66-69, 70-72, 79-81, 96
Barthaar, 45f.
Bauchnabel, 65, 68
Befruchtung, 35, 40, 57, 62f., 70f.
Befruchtung (künstliche), 70f.
Begehren (sexuelles), 12f., 15f.
Belästigungen (sexuelle), 88-90
Belästigungen (verbal), 89
Beratung (bei Schwangerschafts-
  abbruch), 80
Berühren, 58f.
Beschneidung, 27, 68f.
Beziehung (erotische), 16–18, 73, 101
BH (Büstenhalter), 47
Binden, 37f.
Bisexualität, 16-18
Bisexuell, 16-18
Blase, 29, 42
Blut, 26, 35, 42f., 65, 94-96
Brust, Brüste, 44, 47f., 68
Brustwarzen, 44f.
Brutkasten, 69
Bundesverfassungsgericht, 80f.
Chromosomen, 56f.
Coitus interruptus, 77f.
Computersicherheit, 82, 85, 87
Creme, 77
Cyber-Mobbing, 86f.
Damenbinden, 37f.
Diaphragma, 75f.
DNA (Deoxyribonucleic Acid), 56
DNS (Desoxyribonukleinsäure), 56
Dreimonatsspritze, 76f.
Drillinge, 57
Drogen, 65, 90, 92, 96, 99
Druckschmerzen, 37
Drüsen, 27
Ei, 26, 35-37, 56f., 58, 62, 70
Eichel, 27
»Eier« (Hoden), 12, 27-29, 34, 40, 45, 47
Eierstock, 12, 26, 34, 35-37, 44f., 57, 70, 75-77
Eileiter, 26, 35f., 62f., 70, 77f.
»Einen Harten haben«, 42
»Einen Steifen haben«, 42

Eingriff (medizinisch), 71
Eisprung (Ovulation), 35, 77
Eizellen, 26, 35-37, 56f., 58, 62, 70
Eizellspende, 70
Ejakulation, 29, 40-43, 45, 52, 59f., 62, 70, 74, 78
Embryo, 62f., 71, 79-81
Empfängnis, 35, 62, 74
Empfängnisverhütung, 6, 73-78
Empfängnisverhütung (»natürliche«), 78
Enthaltsamkeit (Abstinenz), 58., 73f., 78, 93
Erbinformation, 56
Erbkrankheit, 71
»Erdbeerwoche«, 37
Erektion, 27, 40, 42f.
Erregung, 44, 50, 52
Erworbenes Immunschwächesyndrom
  (Aids), 15, 83, 94, 96-98
Familie, 53f.
Familienplanung, 66
Fehlgeburt (Abort), 81

Feigwarzen, 92
»Feuchte Träume«, 43
Filzläuse, 91
Fötus, 26, 32-39
Fortpflanzung, 10f.
Fortpflanzungsorgane, 10f.
Freundschaft, 49f., 99
Fruchtblase, 64, 66, 68
Fruchtwasser, 66, 68
Frühgeburt, 69
FSH (Follikelstimulierendes Hormon), 35
Gebärmutter (Uterus), 25f., 35f., 62-64, 66-68
Gebärmutterhals, 26, 75, 77
Gebärmutterhalskrebs, 92
Geburt, 26, 66-69
Geburtenkontrolle, 60, 74-78
Geburtskanal, 66
Gefühle, 12f., 14f., 48f., 48f., 51
Gel, 66

Gene, 56f.
Genitalbereich, 11, 15, 91-93
Genitalherpes, 93
Genitalien, 11, 15, 91-93
Geschlecht, 10f., 16-18, 57
Geschlechtskrankheiten, 91.93
Geschlechtsorgane, 11f., 34, 51
Geschlechtsorgane (männliche), 27-29, 34
Geschlechtsorgane (weibliche), 24-26, 34
Geschlechtsverkehr, 14f., 25f., 37, 42f., 44, 58-62, 70, 73-78, 91f., 96f.
Geschlechtsverkehr (ungeschützt), 70, 86, 88
Geschlechtszelle, 9, 10-15, 30, 57
Gonorrhoe (Tripper), 60f., 91f.
»Gummi«, 60f., 74f., 77, 93, 96f.
Haare, 44-48
Handy, 82, 85, 87
Harnröhre, 24f., 29, 40-42
Hebamme, 66, 68
Hepatitis B, C, 74f., 92
Herpes, 92f.
Heterosexualität, 16–18
HIV, 15, 60f., 94-98
HIV-Infektion,15, 60f., 94-98
HIV-positiv, 94, 96-98
Hoden, 12, 27-29, 34, 40, 45, 47
Hodensack (Skrotum), 27f., 40, 45
»Hör auf!«, 89
Homosexualität, 16–19
Hormon, 32-34, 44f., 75-77
Hormone (künstliche), 75-77
Hormonpflaster, 69
HPV-Infektion, 60f., 92
Human Immunodeficiency Virus (HIV), 15, 83, 94, 96-98
Humanes Papillomvirus, 60f., 92
Hymen (Jungfernhäutchen), 25
Immunschwäche, 94
Immunsystem, 94
Impfstoff, 92, 97
Implantat, 75f.
Indikation (»embryopathische«,
  »kriminologische«, »medizinische«), 72
Indikationsfeststellung, 72
Infektionen, 15, 60f., 65, 68f., 73, 75, 77, 91-93
Internet, 82-87
Intersexualität, 19
Intra-Uterin-Pessar (Spirale), 75-77
In-vitro-Fertilisation, 70f.
Jungfernhäutchen (Hymen), 25
Kaiserschnitt, 66, 68
Kehlkopf, 45
Keime, 91
Klitoris, 24f., 52, 59
Körpergeruch, 46
»Kommen«, 44, 52, 60
Kondom (Präservativ), 60f., 74f., 77, 93, 96f.
Kontrolluntersuchung, 91f.
Kot, 26, 29

Krämpfe, 37
Krätze, 91
Krankheiten, 91-93
Künstliche Befruchtung, 70f.
Küssen, 14, 58f.
Kuscheln, 14, 58f.
Labia (Schamlippen), 24
Latex, 74
Leihmutterschaft, 71
Lesbisch, 16–18, 53
Lesbos, 16
LGBTTIQ, 18f.
»Liebe machen«, 14f., 58-61, 73
Masturbation (Onanie, Selbstbefriedigung), 51f.
Medikamente, 65, 90, 92, 96, 99
Mehrlingsgeburten, 57
Menopause, 37
Menschliches-Immunschwäche-Virus (HIV), 15, 83, 94, 96-98
Menstruation (auch Regel, Periode), 26, 35-39, 44, 49, 54, 60
Menstruationszyklus, 37
Milch, 96
»Miteinander schlafen«, 14f., 58-61
Mutter (leiblich), 56
Mutter (drogenabhängig), 66
Mutterleib, 25f., 35f., 62-64, 66-68
Muttermilch, 69, 97
Muttermilchersatz, 96
Muttermund, 26, 38, 62, 66, 76f., 92
Nabel, 65, 68
Nabelschnur, 65, 66-68
Nachgeburt, 64-66, 68
Nadeln, 92, 96f.
»Nächtlicher Orgasmus«, 45, 47
Nebenhoden, 29, 40, 42f.
»Nein!«, 89
Neugeborene, 69, 72
»Nüsse«, 12, 27-29, 34, 40, 45, 47
Östrogen, 35
Onanie (Masturbation, Selbstbefriedigung), 51f.
Oralverkehr, 61, 73, 91, 96
Orgasmus, 42, 52, 59-61
Ovulation (Eisprung), 35, 77
Ovum (Ei), 26, 35-37, 56f., 58, 62, 70
»Pariser«, 60f., 74f., 77, 93, 96f.
Penis, 12, 14f., 26-29, 40-43, 45-48, 52, 59, 63, 68f., 74, 78, 96
Periode (auch Menstruation, Regel), 26, 35-39, 44, 49, 54, 60
Pessar, 75-77
Petting, 58
Pickel, 47
Pille, 75f.
Pille (die – danach), 78
Plazenta, 64f., 66, 68
Präservativ (Kondom), 60f., 74f., 77, 93, 96f.
Progesteron, 35
Prostata (Vorsteherdrüse), 29, 40-42
Pubertät, 26, 28f., 32-47
Queer, 18f.
Rasieren, 46
Regel (auch Menstruation, Periode), 26, 35-39, 44, 49, 54, 60
Regelblutung, 26, 35-39, 44, 49, 54, 60

»Rückzieher-Methode«, 77f.
»Safer Sex«, 59f., 75, 93, 97
Samen, 29, 40-43, 59, 74, 78, 96
Samenbank, 69
Samenerguss (Ejakulation), 29, 40-43, 45, 52, 59f., 62, 70, 74, 78
Samenflüssigkeit, 29, 40-43, 59, 74, 78, 96
Samenleiter, 29, 40-42, 78
Schambein, 46
Schambereich, 44f., 91
Schamhaare, 44-46
Schamläuse (Filzläuse), 91
Schamlippen (Labia), 24
Schaumzäpfchen, 74
Scheide (Vagina), 12, 14f., 24-26, 35-38, 44, 54, 59, 62-64, 66-69, 70f., 75, 78f., 81, 96
Schleimstrukturkontrolle, 92
Schmutzige Witze, 30f.
Schoß, 25f., 35f., 62-64, 66-68
Schwämmchen, 76f.
Schwangerschaft, 15, 37, 43-45, 59-66, 70f., 73f., 77-81, 96
Schwangerschaft (ungewollt), 75f.
Schwangerschaftsabbruch, 77f.
Schwangerschaftsabbruch (Gesetz), 78
Schwangerschaftsabbruch (Methode), 77
Schwangerschaftsverhütung, 60, 73-78
Schweiß, 44-47
Schwellkörper, 42
Schwul, 16–19, 53
Selbstbefriedigung (Masturbation, Onanie), 51f.
Sex (ungeschützt), 78, 94, 96
Sexualhormone, 34f., 37, 40, 44, 50f.
Sexualität, 15
Sexuelle Erregung, 51, 58, 60
Sexueller Höhepunkt, 42, 52, 59-61
Sexueller Missbrauch, 88-90
Sexuell übertragbare Krankheiten, 91-93
Slang, 30
Soziale Netzwerke, 85
Spaß, 14
Spermien, 28f., 34f., 40-43, 45, 54, 56f., 58-60, 62f., 80f., 74-78
Spermizide, 77
Spirale, 75-77
Spirale (danach), 78
Steißgeburt, 66
Sterilisation, 78
Stimmbruch, 45
»Stopp!«, 89
Streicheln, 58
Surfen im Internet, 82-87
Syphilis, 91f.
»Tage haben«, 26, 35-39, 44, 49, 54, 60
Tampons, 25, 37f.
Temperaturkontrolle, 78
Testosteron, 40
Transgender, 18f.
Transsexualität, 18f.
Tripper (Gonorrhoe), 60f., 91f.
Unfruchtbarkeit, 92
Urethra (Harnröhre), 24f., 29, 40-42
Urin, 25, 27, 29, 42f.
Uterus (Gebärmutter), 25f., 35f., 62-64, 66-68
Vagina (Scheide), 12, 14f., 24-26, 35-38, 44, 54, 59, 62-64, 66-69, 70f., 75, 78f., 81, 96

Vaginalgeburt, 66
Vaginalöffnung, 39, 62
Vaginalring, 76
Vasektomie, 78
Vater (leiblich), 56
Verhütung, 73-78
Verhütungsmittel, 73-77
Verlangen (sexuelles), 12f.
Verlieben, 49
Virus, Viren, 15, 92f.
Vorhaut, 27, 29, 68f.
Vorsteherdrüse (Prostata), 29, 40-42
Vulva, 24f., 44, 46, 52, 61
Wachstumsstörung, 65
Warzen, 92
Website, 83f., 87
Wechseljahre, 37
Wehen, 66
X-Chromosom, 57
Y-Chromosom, 57
Zäpfchen, 74
Zangengeburt, 66
Zelle, 56f., 62, 64
Zuneigung, 58
Zwillinge, 57
Zygote, 62-64

Adressen von PRO FAMILIA

Baden-Württemberg

Landesverband:
  70174 Stuttgart – Theodor-Heuss-Str. 23
  Tel.: (07 11) 259 93 53

Beratungsstellen:

71032 Böblingen – Pfarrgasse 12
  Tel.: (070 31) 67 80 05

79100 Freiburg – Basler Str. 61
  Tel.: (07 61) 29 62 56

79115 Freiburg-Haslach –
  Melanchthonweg 9b
  Tel.: (07 61) 453 85 24

73033 Göppingen – Grabenstr. 1
  Tel.: (071 61) 50 44 60

69117 Heidelberg – Hauptstr. 79
  Tel.: (062 21) 18 44 40

74076 Heilbronn – Moltkestr. 56
  Tel.: (071 31) 891 77

76133 Karlsruhe* – Amalienstr. 25
  Tel.: (07 21) 92 05 05

73230 Kirchheim/Teck – Wellingstr. 8
  Tel.: (070 21) 36 97

78467 Konstanz – Reichenaustr. 5a
  Tel.: (075 31) 263 90

79539 Lörrach – Rainstr. 20
  Tel.: (076 21) 169 23 88

71634 Ludwigsburg – Schloßstr. 9
  Tel.: (071 41) 92 34-44

68161 Mannheim – Tullastr. 16a
  Tel.: (06 21) 277 20

75175 Pforzheim* – Parkstr. 19–21
  Tel.: (072 31) 60 75 86-0

72764 Reutlingen – Schillerstr. 16
  Tel.: (071 21) 49 21 22

74523 Schwäbisch Hall – Salinenstr. 6
  Tel.: (07 91) 73 84

78224 Singen – Feuerwehrstr. 1
Tel.: (077 31) 611 20

70174 Stuttgart – Theodor-Heuss-Str. 23
  Tel.: (07 11) 656 79 06

72072 Tübingen – Hechinger Str. 8
  Tel.: (070 71) 341 51

78050 VS-Villingen – Klosterring 11
  Tel.: (077 21) 590 88

71332 Waiblingen – Alter Postplatz 17
  Tel.: (071 51) 982 248 940

Bayern

Landesverband:
  80469 München – Rumfordstr. 10
  Tel.: (089) 29 08 40-46 o. -47

Beratungsstellen:

63739 Aschaffenburg – Frohsinnstr. 28
  Tel.: (060 21) 771 22 63

86150 Augsburg – Hermanstr. 1
  Tel.: (08 21) 45 03 62-0

96047 Bamberg – Willy-Lessing-Str. 16
  Tel.: (09 51) 133 90-0

85221 Dachau – Burgfriedenstr. 32a
  Tel.: (081 41) 35 48 99

91301 Forchheim – Hauptstr. 5
  Tel.: (091 91) 69 90 20

82256 Fürstenfeldbruck* – Bahnhofstr. 2
  Tel.: (081 41) 35 48 99

85049 Ingolstadt – Holzmarkt 2
  Tel.: (08 41) 37 92 89-0

87435 Kempten* – Wartenseestr. 5
  Tel.: (08 31) 96 07 74-0

86899 Landsberg – Lechstr. 5
  Tel.: (081 41) 35 48 99

80799 München* – Türkenstr. 103
  Tel.: (089) 33 00 84-0

90443 Nürnberg* – Tafelfeldstr. 13
  Tel.: (09 11) 55 55 25

94032 Passau – Leopoldstr. 9
  Tel.: (08 51) 531 21

93059 Regensburg –
  An der Schergenbreite 1
  Tel.: (09 41) 70 44 55

97421 Schweinfurt – Manggasse 18a
  Tel.: (097 21) 75 99 455

82319 Starnberg – Söckinger Str. 25
  Tel.: (08 141) 35 48 99

97070 Würzburg – Semmelstr. 6
  Tel.: (09 31) 46 06 50

Berlin

Landesverband:
10777 Berlin – Kalckreuthstr. 4
  Tel.: (030) 398 49 898

Beratungsstelle

10777 Berlin – Kalckreuthstr. 4
  Tel.: (030) 39 84 98 98

Brandenburg

Landesverband:
14467 Potsdam – Charlottenstr. 30
  Tel.: (03 31) 740 83 97

Beratungsstellen:

16259 Bad Freienwalde – Königsstr. 38
  Tel.: (033 44) 35 97

14806 Belzig – Bahnhofstr. 51
  Tel.: (03 38 4) 327 24

14776 Brandenburg – Steinstr. 8
  Tel.: (033 81) 21 17 20

15890 Eisenhüttenstadt – Fellertstr. 85
  Tel.: (033 64) 610 60

15230 Frankfurt/Oder – Ferdinandstr, 16
  Tel.: (03 35) 32 53 65

15517 Fürstenwalde –
  Karl-Liebknecht-Str. 21 –
  Tel.: (033 61) 34 99 17

14974 Ludwigsfelde – Potsdamer Str. 50
  Tel.: (033 78) 87 42 80

19348 Perleberg – Bergstr. 1
  Tel.: (038 76) 71 35 13

14467 Potsdam – Charlottenstr. 30
  Tel.: (03 31) 86 06 68

16303 Schwedt – Auguststr. 2
  Tel.: (033 32) 51 51 00

01968 Senftenberg – Reyersbachstr. 5
  Tel.: (035 73) 79 49 30

17268 Templin – Prenzlauer Allee 23
  Tel.: (039 87) 537 27

19322 Wittenberge – Helmshorner Platz 2
  Tel.: (038 77) 707 82

Bremen

Landesverband:
28209 Bremen – Hollerallee 24
  Tel.: (04 21) 340 60 30

Beratungsstellen:

28209 Bremen – Hollerallee 24
  Tel.: (04 21) 340 60 30

28757 Bremen-Nord – Weserstr. 35
  Tel.: (04 21) 65 43 33

27570 Bremerhaven – Berliner Platz la
  Tel.: (04 71) 287 22

Hamburg

Landesverband:

20459 Hamburg – Seewartenstr. 10
Tel.: (040) 30 997 49 10

Beratungsstellen:

21033 Hamburg Bergedorf –
Friedrich-Frank-Bogen 31
Tel.: (040) 724 78 39

21073 Hamburg Harburg – Am Wall 1
Tel.: (040) 766 68 12

Hessen

Landesverband:

60325 Frankfurt am Main –
Palmgartenstr. 14
Tel.: (069) 44 70 61

Beratungsstellen (Auswahl):

36304 Alsfeld – Lutherstr. 3
Tel.: (066 31) 62 07

36251 Bad Hersfeld – An der Untergeis 12
Tel.: (066 21) 91 89 11

64625 Bensheim – Promenadenstr. 14
Tel.: (062 51) 681 91

64287 Darmstadt* –
Landgraf-Georg-Str. 120
Tel.: (061 51) 42 94 20

63128 Dietzenbach* – Paul-Ehrlich-Str. 5
Tel.: (060 74) 22 65

60325 Frankfurt-Zentr.* –
Palmengartenstr. 14
Tel.: (069) 90 74 47 44

60385 Frankfurt-Bornhm. –
Rendeler Str. 37
Tel.: (069) 46 81 46

65929 Frankfurt-Höchst* – Gotenstr. 6–8
Tel.: (069) 30 20 17

61169 Friedberg – Saarstr. 30
Tel.: (060 31) 23 36

61381 Friedrichsdorf – Dr.-Fuchs-Str. 5
Tel.: (061 72) 749 51

36037 Fulda – Heinrichstr. 35
Tel.: (06 61) 48 04 96 90

35390 Gießen* – Liebigstr. 9
Tel.: (06 41) 771 22

64823 Groß-Umstadt –
Werner-Heisenberg-Str. 10
Tel.: (060 78) 91 09 60

63450 Hanau* – Vor dem Kanaltor 3
Tel.: (061 81) 218 54

34119 Kassel (FPZ) – Breitscheidstr. 7
Tel.: (05 61) 766 19 25-0

65549 Limburg – Konrad-Kurzbold-Str. 6
Tel.: (064 31) 269 20

35037 Marburg – Frankfurter Str. 66
Tel.: (064 21) 218 00

63067 Offenbach* – Domstr. 43
Tel.: (069) 850 96 800

65428 Rüsselsheim* (FPZ) – Lahnstr. 30
Tel.: (061 42) 121 42

36381 Schlüchtern – Unter den Linden 15
Tel.: (066 61) 20 71

65183 Wiesbaden* – Langgasse 3
Tel.: (06 11) 37 65 16

Mecklenburg-Vorpommern

Landesverband:

18057 Rostock – Schonenfahrer Str. 5
Tel.: (03 81) 77 88 92 90

Beratungsstellen:

18528 Bergen – Calandstr. 7–8
Tel.: (038 38) 245 74

18273 Güstrow – Hansenstr. 1
Tel.: (038 43) 68 23 15

19288 Ludwigslust – Schwerinerstr. 38
Tel.: (038 74) 472 05

18311 Ribnitz-Damgarten* – Grüne Str. 2
Tel.: (038 21) 38 87

18057 Rostock – Wismarsche Str. 6–7
Tel.: (03 81) 313 05

18439 Stralsund – Neuer Markt 18–21
Tel.: (038 31) 28 06 02

17438 Wolgast – Kreiskrankenhaus –
Chausseestr. 56
Tel.: (038 36) 20 00 45

Niedersachsen

Landesverband:

30159 Hannover – Lange Laube 14
Tel.: (05 11) 30 18 57 80

Beratungsstellen:

49565 Bramsche –
Heinrich-Beerbom-Platz 2
Tel.: (05 41) 23 907

38114 Braunschweig – Hamburger Str. 226
Tel.: (05 31) 32 93 85

27432 Bremervörde – Rathausmarkt 1
Tel.: (04 761) 923 16 27

27472 Cuxhaven – Bahnhofstr. 18–20
Tel.: (047 21) 311 44

26721 Emden* – Am Delft 14
Tel.: (049 21) 299 22

38640 Goslar* – Reußstr. 3
Tel.: (053 21) 210 64

37073 Göttingen* – Rote Str. 19
Tel.: (05 51) 586 27

30159 Hannover – Goseriede 10/12 Haus D
Tel.: (05 11) 36 36 06

38350 Helmstedt – Kybitzstr. 5
Tel.: (053 51) 71 74

37603 Holzminden – Uhlenflucht 20
Tel.: (055 31) 108 07

26789 Leer – Ossenweg 19
Tel.: (04 921) 299 22

21335 Lüneburg – Glockenstr. 1
Tel.: (041 31) 342 60

37154 Northeim – Entenmarkt 13
Tel.: (055 51) 908 21 90

26122 Oldenburg – Bahnhofsplatz 10
Tel.: (04 41) 880 95

49074 Osnabrück* – Georgstr. 14/16
Tel.: (05 41) 239 07

31224 Peine – Bahnhofstr. 25
Tel.: (051 71) 180 65

38226 Salzgitter – Berliner Str. 8
Tel.: (053 41) 144 91

29614 Soltau – Mühlenstr. 1
Tel.: (051 91) 177 83

21682 Stade* – Wilhadi-Kirchhof 7
Tel.: (041 41) 22 11

29525 Uelzen – Gudestr. 33a
Tel.: (05 81) 389 11 73

26316 Varel – Drostenstr. 11
Tel.: (044 21) 250 80

26382 Wilhelmshaven* – Bismarckstr. 121
Tel.: (044 21) 250 80

38300 Wolfenbüttel – Kommißstr. 5
Tel.: (053 31) 269 29

38440 Wolfsburg – Stormhof 2
Tel.: (053 61) 254 57

Nordrhein-Westfalen

Landesverband:

42103 Wuppertal – Hofaue 21
Tel.: (02 02) 245 65-0

Beratungsstellen (Auswahl):

52062 Aachen – Monheimsallee 11
Tel.: (02 41) 363 57

59229 Ahlen – Zeppelinstr. 63
Tel.: (02 382) 70 99 0

59269 Beckum – Lippweg 9
Tel.: (025 21) 827 87 80

33615 Bielefeld – Stapenhorststr. 5
Tel.: (05 21) 12 40 73

51465 Bergisch-Gladbach – Hauptstr. 130
Tel.: (022 02) 10 86 13

44787 Bochum* – Bongardstr. 25
Tel.: (02 34) 123 20

53111 Bonn – Kölnstr. 96
Tel.: (02 28) 338 00 00

32257 Bünde – Bahnhofstr. 6
Tel.: (052 23) 99 22 23

51399 Burscheid* – Höhestr. 56
Tel.: (021 74) 76 83 15

32756 Detmold – Lange Str. 79
Tel.: (052 31) 268 41

52349 Düren – Gutenbergstr. 20
Tel.: (024 21) 148 38

40225 Düsseldorf* –
Himmelgeister Str. 107a
Tel.: (02 11) 31 50 51

47057 Duisburg – Königsstr. 49
Tel.: (02 03) 35 07 00

53788 Eitorf – Brückenstr. 25
Tel.: (022 41) 210 10

48282 Emsdetten – Mühlenstr. 10
Tel.: (02 51) 458 58

45964 Gladbeck – Hochstr. 39
Tel.: (020 43) 251 32

33330 Gütersloh – Roonstr. 2
Tel.: (052 41) 204 50

59075 Hamm – Berlinerstr. 22
Tel.: (023 82) 709 90

53773 Hennef - Wippenhohner Str. 16
Tel.: (022 41) 210 10

58636 Iserlohn – Theodor-Heuss-Ring 2
Tel.: (023 71) 78 97 55

50670 Köln-Zentrum – Hansaring 84–86
Tel.: (02 21) 12 20 87

50765 Köln-Chorweiler – Athener Ring 3b
Tel.: (02 21) 70 35 11

47798 Krefeld – Mühlenstr. 42
Tel.: (021 51) 248 34

51373 Leverkusen – Nobelstr. 19
Tel.: (02 14) 40 18 04

45770 Marl – Wiesenstr. 55
Tel.: (023 61) 2 67 01

40822 Mettmann – Elberfelder Str. 6
Tel.: (021 04) 244 28

41236 Mönchengladbach – Friedhofstr. 39
Tel.: (021 66) 24 93 71

48143 Münster – Ludgeriplatz 12
Tel.: (02 51) 458 58

46047 Oberhausen – Bismarckstr. 3
Tel.: (02 08) 867 771

33098 Paderborn – Marienstr. 22
Tel.: (052 51) 879 09 70

45657 Recklinghausen – Springstr. 12
Tel.: (023 61) 267 01

42853 Remscheid – Winkelstr. 2a
Tel.: (021 91) 97 33 03

58332 Schwelm – Wilhelmstr. 45
Tel.: (023 36) 44 36 40

53757 St. Augustin – Mendener Str. 24a
Tel.: (022 41) 210 10

42697 Solingen – Wilhelmstr. 29
Tel.: (02 12) 761 01

53840 Troisdorf – Kirchstr. 12
Tel.: (022 41) 719 61

48231 Warendorf – Südstr. 12b
Tel.: (023 82) 709 90

58453 Witten – Annenstr. 120
Tel.: (023 02) 69 91 90

42103 Wuppertal – Hofaue 21
Tel.: (02 02) 43 18 49

Rheinland-Pfalz

Landesverband:
55116 Mainz – Schießgartenstr. 7
Tel.: (061 31) 23 63 50

Beratungsstellen:

54568 Gerolstein – Brunnenstr. 18a
Tel.: (065 91) 98 37 90

57627 Hachenburg – Steinweg 13
Tel.: (026 62) 94 51 41

55743 Idar-Oberstein – Pappelstr. 1
Tel.: (067 81) 90 04 801

67659 Kaiserslautern – Maxstr. 7
Tel.: (06 31) 636 19

56068 Koblenz – Schenkendorfstr. 24
Tel.: (02 61) 91 46 97 41

76829 Landau – Xylanderstr. 21
Tel.: (063 41) 824 24

67059 Ludwigshafen* – Theaterplatz 6
Tel.: (06 21) 56 30 15

55116 Mainz* – Quintinsstr. 6
Tel.: (061 31) 287 66 10

55116 Mainz (FPZ) – Quintinsstr. 6
Tel.: (061 31) 287 66 66

54290 Trier – Balduinstr. 6
Tel.: (06 51) 46 30 21-20

Saarland

Landesverband:
66121 Saarbrücken – Heine Str. 2–4
Tel.: (06 81) 96 81 76 77

Beratungsstellen:

66538 Neunkirchen – Süduferstr. 14
Tel.: (068 21) 276 77

Sachsen

Landesverband:
01069 Dresden – Strehlener Str. 12–14
Tel.: (03 51) 21 09 38 45

Beratungsstellen:

08280 Aue – Schneeberger Str. 50
Tel.: (037 71) 520 21

09112 Chemnitz – Weststr. 43
Tel.: (03 71) 30 21 02

04103 Leipzig – Egelstr. 4a
Tel.: (03 41) 232 43 19

09648 Mittweida – Pfarrberg 5
Tel.: (037 27) 997 20 32

04808 Wurzen – Friedrich-Ebert-Str. 2
Tel.: (034 25) 98 43 08

Sachsen-Anhalt

Landesverband:
06108 Halle – Zinksgartenstr. 14
Tel.: (03 45) 522 06 36

Beratungsstellen (Auswahl):

06862 Dessau-Roßlau – Hauptstr. 122/123
Tel.: (03 49 01) 650 30

06295 Eisleben – Hallesche Str. 82
Tel.: (034 75) 69 66 97

06132 Halle – W.-von-Klewiz-Str. 11
Tel.: (03 45) 77 48-242

39124 Magdeburg – Lübecker Str. 24
Tel.: (03 91) 252 41 33

39606 Osterburg – Bahnhofstr. 17
Tel.: (039 37) 89 50 08

06484 Quedlinburg – Harzweg 32
Tel.: (039 46) 70 55 21

06862 Roßlau – Hauptstr. 122
Tel.: (034 90) 16 50 30

39576 Stendal – Osterburger Str. 4
Tel.: (039 31) 21 25 23

06712 Zeitz – Donaliesstr. 45/46
Tel.: (034 41) 31 03 26

06667 Weissenfels – Große Kalandstr. 7
Tel.: (034 43) 23 84 68

Schleswig-Holstein

Landesverband:
24937 Flensburg – Marienstr. 29–31
Tel.: (04 61) 909 26 20

Beratungsstellen:

22926 Ahrensburg – Große Str. 4
Tel.: (041 02) 329 66

23843 Bad Oldesloe – Mühlenstr. 22
Tel.: (045 31) 673 23

23795 Bad Segeberg – Schillerstr. 14a
Tel.: (045 51) 948 91

24937 Flensburg* – Marienstr. 29–31
Tel.: (04 61) 909 26 40

21502 Geesthacht – Rudolf-
Messerschmidt-Str. 8
Tel.: (041 52) 729 24

25746 Heide – Hamburgerstr. 89a
Tel.: (04 81) 25 30

25813 Husum* – Schlossgang 8
Tel.: (048 41) 36 71

25524 Itzehoe – Berliner Platz 1
Tel.: (048 21) 27 06

24103 Kiel* – Bergstr. 5
Tel.: (04 31) 862 30

23552 Lübeck – Dr.-Julius-Leber Str. 9
Tel.: (04 51) 2527190

24534 Neumünster – Goebenplatz 4
  Tel.: (043 21) 91 77-20

22850 Norderstedt – Kielortring 51
  Tel.: (040) 522 85 78

Thüringen
Landesverband:

99423 Weimar – Erfurter Str. 28
  Tel.: (036 43) 77 03 03

Beratungsstellen:

99510 Apolda – Ackerwand 11–15
  Tel.: (036 44) 56 23 48

06556 Artern – Wasserstr. 1
  Tel.: (034 66) 32 20 64

99084 Erfurt – Bahnhofstr. 27/28
  Tel.: (03 61) 373 16 87

99084 Erfurt – Melanchtonstr. 6
  Tel.: (03 61) 562 17 47

07545 Gera – Friedrich-Engels-Str. 14
  Tel.: (03 65) 831 04 16

96515 Sonneberg – Bismarckstr. 35
  Tel.: (036 75) 70 28 94

99423 Weimar* – Erfurter Str. 28
  Tel.: (036 43) 599 04

PRO FAMILIA
Deutsche Gesellschaft
für Familienplanung, Sexualpädagogik und
Sexualberatung e.V. Bundesverband
Stresemannallee 3
60596 Frankfurt am Main
Telefon: (069) 63 90 02
Fax: (069) 63 98 52; info@profamilia.de
Beratungsstellen,
Familienplanungszentren und Landesverbände

Stand: Dezember 2016
Die Familienplanungszentren der Pro Familia
sind mit der Abkürzung (FPZ) hinter dem
Ortsnamen gekennzeichnet. In diesen Zentren
wird neben der Beratung medizinische
Behand-lung zur Familienplanung
angeboten und können ambulante
Schwangerschaftsabbrüche durchgeführt
werden.
Mit * gekennzeichnete Beratungsstellen unterhalten eine oder mehrere Außenstellen in Stadtteilen
oder umliegenden Orten.

NOTIZEN

NOTIZEN